农户耕地撂荒行为机理分析

机理分析

基于计划行为理论

陈倩茹　谢花林◎著

国家自然科学基金面上项目（41971243）成果

STUDY ON THE MECHANISM OF FARMERS'
CULTIVATED LAND ABANDONMENT BEHAVIOR

Based on the Theory of Planned Behavior

经济管理出版社
ECONOMY & MANAGEMENT PUBLISHING HOUSE

图书在版编目（CIP）数据

农户耕地撂荒行为机理分析：基于计划行为理论/陈倩茹，谢花林著．—北京：经济管理出版社，2020.11

ISBN 978 - 7 - 5096 - 7488 - 8

Ⅰ.①农… Ⅱ.①陈… ②谢… Ⅲ.①农户—耕地—土地利用—研究—赣州 Ⅳ.①F323.211

中国版本图书馆 CIP 数据核字（2020）第 235863 号

组稿编辑：王光艳
责任编辑：王光艳 杨 娜
责任印制：黄章平
责任校对：张晓燕

出版发行：经济管理出版社
（北京市海淀区北蜂窝 8 号中雅大厦 A 座 11 层 100038）
网 址：www.E-mp.com.cn
电 话：（010）51915602
印 刷：唐山昊达印刷有限公司
经 销：新华书店
开 本：720mm×1000mm/16
印 张：11.25
字 数：157 千字
版 次：2020 年 12 月第 1 版 2020 年 12 月第 1 次印刷
书 号：ISBN 978 - 7 - 5096 - 7488 - 8
定 价：68.00 元

前　言

　　耕地是我国最为宝贵的资源，也是人类社会发展和粮食生产最重要的物质基础。耕地资源的稀缺性、不可再生性以及人多地少的基本国情要求我国必须实行最严格的耕地保护制度。2020 年 1 月 1 日起施行的新版《中华人民共和国土地管理法》进一步将落实最严格的耕地保护制度上升到法律层面。然而，在最严格的耕地保护制度下，广大农村地区依然存在较为普遍的耕地撂荒现象，并呈现出愈演愈烈的趋势。2015～2016 年中国 25 个省份、135 个山区县耕地撂荒情况的抽样调查结果显示，全国山区县耕地撂荒率达到 14.32%，高达 78.3% 的村庄都存在耕地撂荒现象，而隐性耕地撂荒现象更甚，统计结果显示，我国约 60% 以上的耕地存在季节性无人耕种的隐性撂荒现象。我国的耕地撂荒现象逐渐呈现出量大、面广、持续时间长的特点，其对社会、经济、环境方面的负面影响也相继显现。耕地撂荒意味着农作物播种面积减少，造成不同程度的粮食减产，可能导致地区性粮食短缺问题，并影响农用地提供的商品和服务。此外，耕地撂荒还可能对地表径流、水土流失、土壤碳储量以及生物多样性产生影响，由劳动力析出导致的耕地撂荒还可能带来空巢老人、空心村、留守儿童等农村社会问题。

　　"十分珍惜、合理利用土地和切实保护耕地"是我国的基本国策，耕地撂荒愈演愈烈的趋势引起了党中央、国务院及各级政府部门的高度重视。《中华人民共和国土地管理法》第三十七条规定：禁止任何单位和个人闲置、荒芜耕地。

《基本农田保护条例》和《中华人民共和国农村土地承包法》等法律法规均传达、贯彻了严格保护耕地和土地节约集约利用的思想。早在 1997 年，中共中央、国务院《关于进一步加强土地管理切实保护耕地的通知》就明确提出"严禁耕地撂荒，对于不再从事农业生产、不履行土地承包合同而弃耕的土地，要按规定收回承包权，鼓励采取多种形式进行集约化经营"。2004 年国务院办公厅发布了《关于尽快恢复撂荒耕地生产的紧急通知》。为调动农户种粮积极性，2015 年农业"三项补贴"政策规定撂荒土地不再给予补贴。2018 年《中共中央、国务院关于加快推进生态文明建设的意见》提出"实施耕地质量保护与提升行动，加大退化、污染、损毁农田改良和修复力度，坚持并完善最严格的耕地保护和节约用地制度"。各级地方政府也高度重视耕地撂荒现象，相继发布遏制耕地撂荒的地方性文件，例如《江西省人民政府办公厅关于纠正与防止耕地撂荒的紧急通知》《浙江省耕地抛荒处罚办法》《重庆市人民政府办公厅关于切实解决撂荒地问题的通知》《四川省人民政府办公厅关于切实解决耕地撂荒问题的通知》《海南省恢复撂荒地生产实施方案的通知》等。

耕地撂荒现象也引起了学界的广泛关注，国内外学者就撂荒耕地的提取、识别、机理、影响等展开了一系列研究。尽管学者们关于农户耕地撂荒的研究取得了一系列有价值的成果，为本书提供了良好的参考与借鉴，但微观农户尺度的耕地撂荒过程机理还不清晰，尤其是结合农户"社会人"属性的撂荒机理研究较为缺乏。农户是耕地利用的微观行为主体，是耕地利用最主要的利益相关者和参与者，探究农户撂荒行为机理，对于耕地保护和土地可持续利用具有重要的理论与实践意义。赣州市位于江西省南部，其行政边界与赣南丘陵山区地理边界高度重合。近年来，受地形、区位、劳动力转移等因素影响，赣州市耕地撂荒现象逐渐蔓延，在撂荒成因、过程机理等方面具有典型性与代表性。2018 年赣州市发布《赣州市人民政府办公厅关于遏制耕地撂荒的指导意见》，各区、县也相继发布《赣州经济技术开发区抛荒撂荒耕地整治方案》《定南县关于遏制耕地撂荒的实施方案》《会昌县土地综合整治及高标准农田建设项目实施方案》等，力图通过精准有效的政策措施着力遏制耕地撂荒现象。在此背景下，本书以赣州市为研究区，开展农户耕地撂荒行为机理分析。考虑到农户耕地撂荒行为不仅是出于收益最大化追求的经济理性行为，还具有包括观念、社会认可需求在内的社会和心理的多方面理性行为特征，并受到主观认识能力、经济因素等客观条件限制，本书基于计划行为理论，遵循"外生变量—认知判断—意向选择—行为响应"传导机制，构建农户耕地撂荒计划行为理论逻辑分析框架，并基于结构方程模型、Probit 模型、Tobit 模型、分位数回归模型等计量经济学模型对其进行验证和实证分析。本书共九章，各章节的主要内容如下：

第一章为绪论。本章将系统介绍本研究的背景与意义、研究内容与研究目标、研究方法与技术路线以及可能的创新点。

第二章为概念界定与研究进展。本书在梳理耕地撂荒、农户内涵的基础上界定本书中耕地撂荒及农户的概念，并从耕地撂荒的驱动力、耕地撂荒的过程机理、农户行为理论、计划行为理论及其在农户行为决策中的应用四方面进行综述，在此基础上对现有文献进行述评，并归纳对本书研究的启示。

第三章为研究区概况与数据来源。本章全面介绍研究区的自然地理概况、社会经济概况与耕地资源概况，以及支持本书研究撂荒诊断、机理验证、实证分析的数据来源，主要包括统计数据、政府报告与实地调研数据。

第四章为研究区耕地撂荒现象诊断。基于微观农户调研数据对研究区显性耕地撂荒现象进行诊断，包括耕地生产经营状况、撂荒率与撂荒规模等整体情况、撂荒地与其他用途耕地对比分析；基于区域宏观统计数据和政府报告分析研究区1998～2017 年隐性耕地撂荒的时空变化格局，包括播种面积、复种指数、集约利用程度等的长时间序列演化趋势。

第五章为丘陵山区农户耕地撂荒的计划行为理论逻辑分析框架。基于计划行为理论"外生变量—认知判断—意向选择—行为响应"的传导机制，首先分析构成农户撂荒认知的行为态度、主观规范和知觉行为控制分别对耕地撂荒行为的影响机理，接下来分析影响农户认知的外生变量通过认知判断对撂荒行为的影响机理，构建完整的丘陵山区农户耕地撂荒计划行为理论逻辑分析框架。

第六章运用结构方程模型验证计划行为理论对农户耕地撂荒行为的适用性。

以农户耕地撂荒主观规范、行为态度、知觉行为控制、行为意向、行为响应为潜变量，选取相应观测变量，运用结构方程模型验证农户认知判断、意向选择及行为响应之间的内在联系。

第七章为基于计划行为理论的丘陵山区农户显性耕地撂荒行为实证分析。基于影响撂荒认知的外生变量通过认知判断最终影响撂荒行为的研究思路，将撂荒行为、撂荒规模、撂荒率作为反映显性撂荒行为和程度的被解释变量，分别运用Probit模型和Tobit模型定量分析影响认知的外生变量对显性撂荒的影响，并结合计划行为理论阐述其影响机理和行为逻辑。

第八章为基于计划行为理论的丘陵山区农户隐性耕地撂荒行为实证分析。将隐性耕地撂荒最主要的表现形式，即集约度和复种指数作为被解释变量，运用分位数回归模型定量分析农户认知影响因素对不同程度隐性耕地撂荒的影响，并结合计划行为理论阐述其影响机理和行为逻辑。

第九章为主要结论与政策启示。在归纳总结研究结论的基础上，提出差异化管理策略等针对性撂荒防治政策建议，最后阐述本书研究的局限性，以及未来可进一步拓展的研究方向。

本书工作得到国家自然科学基金项目"南方丘陵山区耕地撂荒多尺度过程机理与权衡管理研究"（编号：41971243）资助。江西财经大学生态文明研究院博士研究生吴箐、温家明、朱振宏，硕士研究生肖璐萍、黄萤乾、李凤琴、江和平、施佳颖、欧阳振益、温宇阳、汪立等参与了部分研究及书稿校对工作，在此向他们表示衷心的感谢。本书充分吸收了国内外众多专家学者的研究成果，已在参考文献中注明，在此一并致谢！

耕地撂荒是社会、经济、自然多个子系统相互作用的结果，而农户行为机理具有复杂性与多元性，本书基于计划行为理论的农户耕地撂荒行为机理分析不可避免存在一定的局限性，加之笔者学识有限，书中不免有错误与疏漏，恳请同行专家、学者及时批评指正。

本书适合土地资源管理、农林经济管理、人口、资源和环境经济学、地理学等专业的本科生和研究生阅读，亦可作为政府部门工作人员参考用书。

目　录

第一章

绪论

第一节　研究背景

一、耕地资源紧张背景下丘陵山区成为耕地撂荒的主要发生地区

我国面临人均耕地少、耕地质量整体下降、耕地后备资源不足的现状（Kong，2014）。农业部和国家统计局2014年和2016年最新统计数据显示，我国96.78亿亩农业用地中耕地仅有20.24亿亩，优等地占总耕地比例仅为27.3%（王军等，2019）。1998～2008年，我国耕地面积平均每年减少约1000万亩，2009～2014年平均每年减少约0.01亿亩（张明玖，2019）。近二十余年，我国耕地总体呈现质量不高、数量下降的趋势。

在耕地资源形势严峻背景下，受务农的机会成本上升、劳动力迁移、自然条

件制约等因素驱动，从 1990 年开始的耕地撂荒现象在 2005 年前后急剧增长（李升发等，2017），有 60% 以上的耕地存在季节性无人耕种的隐性撂荒现象（陈玉荣，2019），加剧了人地矛盾。从各方的广泛统计调研结果看，耕地撂荒已遍布全国各省市，撂荒耕地占可耕地的比重不断提高（金星，2013）。尤其是在丘陵山区，崎岖的地形限制了农业机械对劳动力的替代作用，逐渐呈现出集约度下降、复种指数降低甚至完全撂荒等现象，成为撂荒高发区。根据 2015～2016 年中国 25 个省份、135 个山区县耕地撂荒情况的抽样调查结果显示，全国山区县耕地撂荒率达到 14.32%，高达 78.3% 的村庄都存在耕地撂荒现象（李升发等，2017）。可见，丘陵山区已成为耕地撂荒的主要发生地区。

受自然条件限制，再加上水田种植过程复杂，耕地撂荒率在全国总体上呈现出南高北低的分布格局，南方丘陵地区的耕地撂荒比其他地区严重。其中，江西省 2014～2015 年的撂荒率达到 34.03%，是撂荒率最高的省份（李升发等，2017）。赣南丘陵山区地理边界与江西省赣州市行政边界重合，是南方丘陵山区的重要组成部分，虽然耕地保护政策实施下耕地面积得到大幅增长，但对新增耕地质量意识淡薄、补充地块质量差、占补面积不平衡、后续培肥措施不力等因素造成了耕地配置失衡和耕地资源的严重浪费。尤其是 2015 年赣州市在耕地面积大幅增长的背景下，播种面积与粮食产量增幅严重滞后于耕地面积增幅，耕地撂荒与耕地新增同时发生。以赣州市会昌县为例，2018 年该县土地撂荒面积高达 4046.7 公顷，占土地确权面积的 20%，比 2014 年高出 3.5 个百分点，部分村组还存在耕地全部撂荒的现象（黎余华等，2019）。值得注意的是，一些耕作条件较好的平原村也面临普遍的耕地撂荒问题（见图 1-1）。可见，赣南丘陵山区耕地撂荒现象严峻，存在量大、面广、持续时间长的特点，这不仅与自然条件有关，还受到"农外""粮外"因素的影响，赣南丘陵山区农户耕地撂荒行为具有复杂性与典型性。

（a） （b）

图1-1 耕地撂荒实拍

注（a）：在耕作条件较好的平原地区，一些耕地因人为原因撂荒，形成一半良田、一半荒地的显著对比（摄于2019年7月）；（b）：在水稻生长季节，远处农田种植了水稻，近处平原农田被撂荒、杂草丛生（摄于2019年7月）。

二、耕地撂荒将对社会、经济和生态环境造成巨大影响

尽管耕地撂荒是城镇化和工业化过程中的普遍现象（MacDonald et al.，2000；Rudel et al.，2005；Strijker，2005），但其对区域生态环境及社会经济的负面影响不容忽视，并随着撂荒地点、范围及发生的时间长短而有所差异。Lasanta等（2017）将耕地撂荒的环境影响概括如下：①撂荒带来的植物演替增加了植物生物量，加大了火灾等自然灾害发生、传播的风险；②从中长期来看，随着灌丛和森林的增加，开放空间消失，适应人工环境的物种消失，生物多样性将减少；③撂荒使得植被增加、径流系数降低，导致河流流量减少、流域水量减少，会对水资源稀缺地区产生重大影响；④直接导致对山区可持续发展至关重要的可耕地的丧失。

　　撂荒对社会经济的影响则不局限于撂荒地区及当地居民，撂荒直接导致的农作物播种面积大幅减少会造成不同程度的粮食减产、地区性粮食短缺问题，继而影响农用地提供的商品和服务、威胁国家粮食安全，从而对整个社会产生深远的影响（Garcíaruiz and Lanarenault，2011）。同时，撂荒将对耕地的景观美学、文化传承（Fischer et al.，2012）产生破坏作用，这些景观的变化可能会弱化耕地的旅游和娱乐功能，进一步造成当地的经济损失（Stürck et al.，2005），影响地区经济稳定（Bauer et al.，2009），对农户生计产生负面影响（Knoke et al.，2013；Khanal and Watanabe，2006），加深农村贫困程度。对于具有一定文化美学价值的梯田景观，例如国内三大梯田景观之一的赣州崇义县上堡梯田、宁都县中院梯田，撂荒对景观、文化传承的影响尤为突出。此外，耕地撂荒在很大程度上由农村劳动力析出所致，还可能造成空巢老人、空心村、留守儿童等农村社会问题（任晓敏，2015）。

三、农户耕地撂荒行为机理研究是把握耕地撂荒过程机理的关键

　　农户尺度的耕地撂荒机理研究具有有效性。研究经验表明，从微观农户视角解读土地利用相关问题可以取得良好的效果（俞振宁等，2017），同理，从农户尺度剖析耕地撂荒问题也是有效的。农户是农村主要经济和社会活动单元，在一定的社会经济条件下，农户行为的利益出发点和决策动机是化解人地矛盾的关键因素，其发生、发展过程直接影响耕地利用的数量、质量、结构和效率（毛南赵等，2018）。耕地是农户基本的生产资料，其对农户基本生活的重要保障功能决定了农户对耕地生产的依赖性。然而，耕地撂荒行为却与农户长久以来的耕作传统背道而驰，集中体现了耕地撂荒行为折射的人地矛盾和土地利用问题。因此，从农户尺度剖析农户耕地撂荒行为机理，并纳入土地利用格局变化研究中，是研究人地关系复杂性的关键，可以取得良好的效果。

农户尺度的耕地撂荒机理研究具有必要性。农户是耕地利用的微观行为主体，也是耕地利用行为最主要的利益相关者和参与者，外部因素对耕地撂荒影响的发挥必须以农户行为为载体，通过农户土地利用行为表现出来，耕地撂荒是农户土地利用方式变化的直接后果，因此从农户尺度分析耕地撂荒行为机理具有必要性。农户耕地撂荒行为决策机理反映的是农户耕地撂荒行为最为深层次的本质和规律，它从根本上决定了耕地撂荒行为的发生、变化和发展趋势，任何遏制耕地撂荒的政策实施也都是通过行为的形成机制、决策过程发挥作用。因此，农户耕地撂荒行为决策机理研究不仅具有重大的理论意义，也具有丰富的实践指导价值。

四、计划行为理论反映有限理性假设，适用于撂荒行为机理研究

当前农户耕地撂荒行为机理研究大多基于农户经济理性假设，在农户追求收入最大化的前提下分析农户耕地撂荒行为意愿及其影响因素。然而，凡勃仑、赫伯特·西蒙以及一些新制度经济学家对该假设进行了批判，认为在实际中，这种理性行为的经济人假设可能和人类实际理性与预期行为几乎没什么关系（赫伯特·西蒙，1989），并提出了有限理性行为理论。根据有限理性理论，经济人的理性行为不仅仅是经济理性行为，还包括自尊、情感、安全、社会认可需求在内的文化的、社会的和心理的等多方面的理性行为，并受到主观认识能力、经济因素等客观条件的限制（刘克春，2006）。一些农业经济学者从社会心理学视角开展的农户行为决策研究也佐证了这一观点（Burton，2004）。因此，在研究农户耕地撂荒行为机理时，不仅要分析农户追求收益最大化的行为动机，还要纳入农户文化的、社会的和心理的多种特征，只有这样才能对农户耕地撂荒行为机理有完整的理解。

计划行为理论是当前社会心理学领域解释和预测人类行为的一种著名理论，也是社会心理学中关于个体行为生成的最重要的理论之一（闫岩，2014），是经济人有限理性假设在行为学上的成功应用。该理论认为，行为认知和行为意愿是

决定行为的潜变量，行为认知又受到外生的个体特征、环境特征等因素的影响。通过研究上述潜变量与外生变量的关系，可以揭示出行为的内在形成机制及行为产生的本质过程。计划行为理论将心理分析引入个体的经济行为研究，在对行为的解释和预测中纳入了行为人追求利益最大化、情感满足、社会认可等多维行为动机。因此，运用计划行为理论的相关概念和框架来研究农户耕地撂荒行为机理，可以将农户耕地撂荒行为体现的经济理性与个体社会学、心理学特征结合起来，反映农户有限理性的行为特征，从行为态度等方面深层次剖析耕地撂荒行为决策的内在形成机制，深入完整地理解丘陵山区农户耕地撂荒行为决策机理。

第二节 研究意义

赣州市行政边界与赣南丘陵山区地理边界高度吻合，地形是典型的南方丘陵山区，区位毗邻广东、福建等沿海经济发达省份。在近年快速城镇化进程中，赣州市农村劳动力外流趋势明显，平原村和山区村均出现不同程度的耕地撂荒现象，在丘陵山区具有高度典型性与代表性。因此，以江西省赣州市为例，对丘陵山区农户耕地撂荒行为机理进行研究具有重要的理论与实践意义。

一、理论意义

1. 本书在计划行为理论框架下揭示了农户耕地撂荒行为决策过程机理

本书研究以"外生变量—认知判断—意向选择—行为响应"为思路，揭示了外生变量影响农户认知、农户耕地撂荒认知如何形成撂荒意向、撂荒意向最终转化为撂荒行为的撂荒行为决策机理，形成了较为完整的农户耕地撂荒行为决策机理分析框架。

2. 本书基于有限理性假设开展研究提高了对农户耕地撂荒行为的解释力

本书研究在计划行为理论框架下，不仅分析了比较收益、耕地质量等客观控制条件对农户耕地撂荒的影响，同时分析了农户对于耕地撂荒的行为态度、主观规范等感性因素对农户耕地撂荒的影响，反映了农户有限理性假设，提高了本书研究对农户耕地撂荒行为的解释力。

二、实践意义

1. 有助于撂荒防治和耕地保护工作的实施和完善

本书运用计划行为理论对农户耕地撂荒影响因素、认知、意愿和行为响应的传导机理进行分析，有助于从本质上认识农户耕地撂荒行为的特征和规律，了解丘陵山区耕地撂荒发生的原因；有助于在尊重农户意愿的基础上，采取差异化、有针对性的措施引导农户耕地利用行为；通过对不同程度的隐性撂荒行为进行实证分析，有助于根据撂荒的程度、形态采取差异化措施，优化耕地保护制度和实施过程管理。

2. 有助于丘陵山区耕地的利用、开发与保护

一是在耕地利用方面，农户耕地撂荒行为机理研究对于如何进一步完善当前的土地利用政策，预防和缓解耕地撂荒现象，促进耕地的有效利用提供了依据；二是在耕地开发方面，通过揭示丘陵山区农户耕地撂荒行为机理，可以为国土部门在耕地开发前如何选择后备耕地资源以及耕地开发后如何制定后续管控政策提

供决策依据，避免耕地开发后面临撂荒的风险；三是在耕地保护方面，由于耕地撂荒后复垦治理的成本较高，通过机理分析制定有效的调控与应对政策，可以减少优质耕地的撂荒，实现对基本农田的有效保护。

第三节　研究内容与研究目标

本书旨在从计划行为理论的视角，通过探究农户耕地撂荒行为机理，揭示出农户耕地撂荒行为决策形成机制和过程特征等内在规律。具体目标主要有以下四个方面。

第一，通过耕地撂荒现象诊断，明晰赣南丘陵山区耕地撂荒的程度、范围、表现形态、突出特征和演化过程。

一是基于农户调研数据，了解研究区耕地撂荒率、撂荒规模、撂荒地块特征等情况；二是基于宏观统计数据，了解1998～2017年研究区耕地播种面积、收益、集约度的时空变化情况，为耕地撂荒机理分析及实证分析提供研究思路。

第二，构建农户耕地撂荒的计划行为理论逻辑分析框架，从理论上揭示赣南丘陵山区的农户耕地撂荒决策行为形成机制。

首先，在计划行为理论"外生变量—认知判断—意向选择—行为响应"的基本分析框架下，结合效用论、农户行为和边际收益等经济学理论，分别分析撂荒行为态度、主观规范、知觉行为控制等对耕地撂荒行为响应的影响机理；其次，根据影响认知的外生变量，通过认知判断最终对撂荒行为产生影响的计划行为理论原理，依次分析人口特征、就业特征、环境特征通过农户认知对耕地撂荒行为的影响机理。通过上述分析构建完整的农户耕地撂荒的计划行为理论逻辑分析框架，揭示丘陵山区农户耕地撂荒决策行为形成机制。

第三，基于计划行为理论的农户耕地撂荒行为机理分析框架，运用结构方程模型和计量经济学方法对其进行验证和实证分析。

首先，运用结构方程模型验证计划行为理论在农户耕地撂荒行为中的适用性，并揭示农户撂荒认知、撂荒意愿和撂荒行为之间的内在联系；其次，运用计量经济学方法定量分析农户认知影响因素对显性耕地撂荒和隐性耕地撂荒的影响，并结合计划行为理论分析外生变量通过农户认知对撂荒行为的影响机理。

第四，基于农户耕地撂荒行为机理及实证分析结果，归纳出一般结论，在此基础上，揭示有效遏制耕地撂荒、推动耕地合理利用的若干政策建议。

第四节　研究方法与技术路线

一、研究方法

1. 文献归纳法

文献归纳法也称历史文献法。文献阅读与归纳是有效开展研究工作的基础前提。为了更好地实现研究目标、完成研究内容，本书依次对耕地撂荒管理政策、理论基础及国内外相关文献进行系统的梳理与回顾。一方面从现有研究成果中学习有价值的观点与方法，另一方面发掘现有文献的局限以及进一步研究的空间，为本书的研究思路提供启示。

2. 比较分析法

通过比较研究对象相互联系的数据指标，对其规模大小、程度差异等形成数量上的认知，或据此判断各种关系是否协调。选择合适的比较指标和标准对于得到客观正确的对比结果十分重要。本书的各章节均不同程度地运用了比较分析法，并得到了有价值的结论。

3. 田野调查法

本书的田野调查法包含访谈调查法、问卷调查法及非正规乡村调查法等多种方式。访谈调查法通过调查员与受访者面对面的双向沟通，直接观测受访者回复内容、语气、态度等要素，可以准确控制访谈环境、获得受访者传递的真实信息，减少访谈可能出现的沟通不畅和信息单向传递时的"失真"现象。问卷是指为统计和调查服务、以设问方式表述问题的表格，问卷调查法就是研究者用这种控制式的测量对所研究的问题进行度量，从而搜集到可靠资料的一种方法。问卷调查法可以与实地抽样调查结合起来，通过有针对性地设计不同的定量调查表和定性调查问卷，来获得相应的数据资料。非正规乡村调查法包括与基层政府干部、村民代表或焦点人物座谈，查阅政府部门相关会议记录及文字书面资料等方式，从而全面掌握农户生计、耕地生产及利益焦点等信息，快速有效地获得与农户耕地撂荒行为有关的研究资料。

4. 描述性统计分析法

描述性统计分析法直观展示了数据的分布情况，有助于了解数据和研究对象的特征，是正确的统计推断和实证分析的前提。对数据进行收集、整理、分析和解释，运用制表、分类、图形、概括性数据计算等方法对调查总体有关变量进行统计性描述，包括数据离散程度分析、频数分析、集中趋势分析以及基本的统计图形等，从而直观反映数据特征及基本情况。

5. 计量分析方法

将理论与观察资料相互结合，通过合适的计量经济模型或工具将随机因素对经济关系的影响纳入分析之中，赋予理论以经验的内容，运用概率统计方法实现对经济变量之间相关或因果关系的定量分析，使研究结果科学严谨，提升了经济学研究对现实问题的解释能力和预测能力。本书拟运用结构方程模型验证农户耕地撂荒认知、意向选择及行为响应的内在关系，运用 Probit 模型、Tobit 模型、分位数回归模型定量分析农户认知影响因素与耕地撂荒行为程度的相关性及变化趋势。

二、技术路线图

丘陵山区已成为我国耕地撂荒的高发、多发区，并对国家粮食安全、区域生态等产生了一系列负面影响，农户视角的耕地撂荒行为机理研究对于遏制耕地撂荒具有重要意义（研究背景）。通过文献梳理发现，现有耕地撂荒机理研究大多集中于影响因素与撂荒的相关性分析，忽略了农户耕地撂荒的经济、社会和心理的综合行为决策过程（文献综述）。撂荒诊断结果揭示了赣南丘陵山区耕地撂荒的程度、表现形态、时空格局、演变趋势等特征，为农户撂荒行为机理分析提供了有益思路（撂荒诊断）。基于此，本书在有限理性假设前提下（逻辑起点），综合运用经济学、社会心理学等研究方法，沿着"外生变量—认知判断—意向选择—行为响应"的传导机制，在计划行为理论框架下分析农户认知及其外生变量对耕地撂荒行为的影响过程（机理分析），并运用结构方程模型验证计划行为理论对农户耕地撂荒行为的适用性（机理验证）。在机理验证基础上开展实证分析，运用计量分析方法定量分析农户认知影响因素对显性和隐性耕地撂荒行为的影响，并结合计划行为理论分析其影响机理和行为逻辑（实证分析）。最后，总结研究结论，并提出有针对性的政策建议，概括本书的研究局限及未来研究方向（主要结论与政策启示）。本书研究的技术路线图如图 1-2 所示。

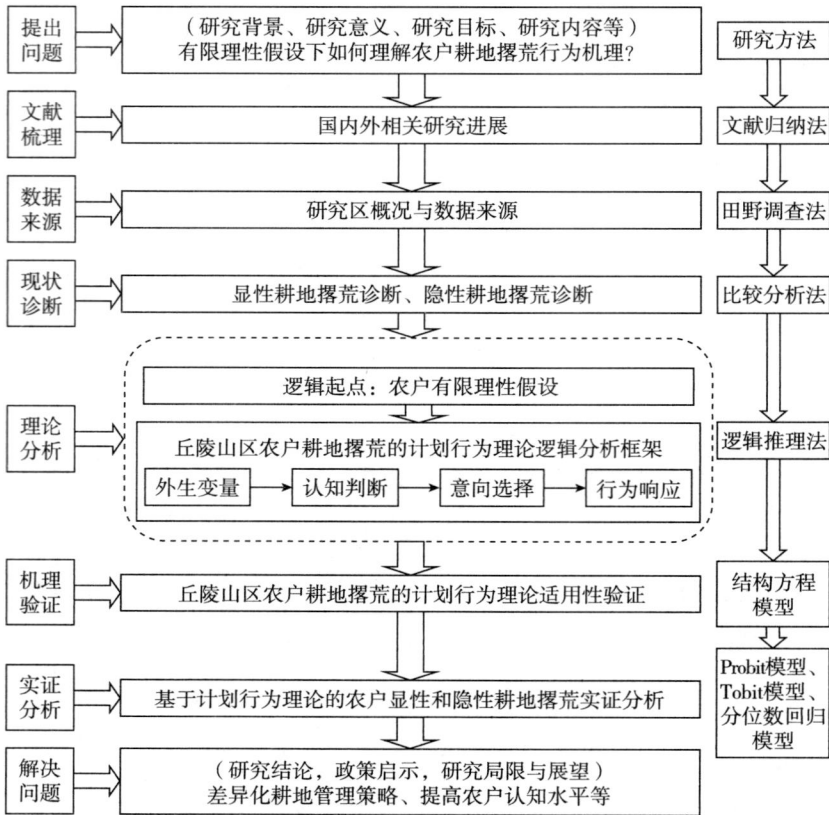

图 1-2 技术路线图

第五节　本研究的创新点

一、研究视角

在研究视角上，本书在农户有限理性假设下，基于计划行为理论视角，全面反映农户耕地撂荒行为的经济、社会和心理特征，系统地揭示农户耕地撂荒的行为机理。

本书在农户有限理性假设下，将经济学与社会心理学研究视角结合起来，在计划行为理论框架的决策模型中融入农户撂荒行为的心理学和社会学特征，以反映行为态度、主观规范等经济理性以外的因素对农户耕地撂荒行为的影响，为解释和预测农户耕地撂荒行为提供了一种新的研究视角和研究范式。

二、研究内容

在研究内容上，本书构建了"外生变量—认知判断—意向选择—行为响应"的农户耕地撂荒理论逻辑分析框架，丰富了耕地撂荒机理的理论框架体系，提升了对农户耕地撂荒行为的解释力。

本书构建了农户耕地撂荒的计划行为理论逻辑分析框架，建立了以"外生变量—认知判断—意向选择—行为响应"为传导机制的农户耕地撂荒行为决策模型，在机理验证的基础上运用计量经济学方法进行实证分析，突破了现有耕地撂荒机理研究中集中于运用统计学方法进行影响因素相关性分析的传统研究范式，分析了影响农户认知的外生变量如何通过认知判断、撂荒意愿最终作用于撂荒行为，并揭示了外生变量、潜变量之间的相关关系，最终揭示农户耕地撂荒决策行为形成机制，提高了对农户耕地撂荒行为的解释力。

三、研究方法

在研究方法上，本书综合运用了农户模型、结构方程模型以及 Tobit 模型、分位数回归模型等模型方法来探究农户耕地撂荒行为机理。

本书将经济学研究方法与社会心理学研究方法——计划行为理论结合起来，

在计划行为理论框架下结合农户模型、边际效益等从理论上分析了农户耕地撂荒行为决策的形成过程，并运用结构方程模型进行验证，运用 Tobit 模型、分位数回归模型等对显性、隐性撂荒现象进行实证分析，是已有研究方法在土地利用行为中的新应用。

第二章
概念界定与研究进展

第一节 耕地撂荒的内涵与界定

理解"耕地撂荒"的概念首先要理解"荒地"的概念,黄利民等（2008）主张引用荒地的狭义概念,即"虽经耕耘利用,但荒芜而停止耕耘不久的土地"。耕地撂荒也被称为"抛荒""弃耕""丢荒"等。尽管目前学界对于"耕地撂荒"并未形成统一定义,但都对耕地的利用状态（包括完全未利用状态和未完全利用状态）进行了强调。例如,1995 年联合国粮食及农业组织（FAO）将撂荒耕地定义为"至少 5 年没有被农业生产或其他农业目的利用的可耕地";2011 年土地整理与土地储备国际研讨会对撂荒耕地的定义包括:"没有使用的可耕地""2 年或 2 年以上没有耕种的农地""没有时间限制的、很长时间处于撂荒的可耕地""法律规定前一个耕种季节没有耕种、第二个耕种季节初始仍没有耕种的可耕地";菲律宾国家统计办公室定义"1~5 年临时休闲不种农作物的"为撂荒地（Pointereau et al.，2008）；史铁丑和李秀彬（2013）结合我国农业大国的基本国情，将闲置一年以上、不能创造农业价值的耕地称为撂荒地。

在强调耕地利用状态基础上，有学者进一步丰富耕地撂荒的概念，结合撂荒的成因对耕地撂荒进行界定。例如，冯红燕（2011）将抛荒界定为在现有土地制度和生产条件下，在社会的、经济的、自然的因素共同作用下，农民减少对耕地的投入，包括资本和劳动投入，从而导致耕地得不到充分利用的一种土地利用行为。而更多学者将耕地撂荒界定为农户行为引致的耕地未完全利用或完全未利用状态，由于灾毁等造成的耕地暂时性空白现象一般不纳入耕地撂荒研究的范畴（黄利民等，2008）。例如，张斌等（2003）认为，耕地抛荒是在土地利用过程中，由于生产经营者主观原因放弃而造成的耕地处于闲置或未充分利用的状态；史铁丑和李秀彬（2013）也在耕地撂荒的定义中强调农户行为动机，将其定义为具有农业或林业能力的土地没有正常理由而不耕种，或者是因为管理或维护不当而导致破坏的可耕地。

在界定耕地撂荒概念的基础上，耕地撂荒可以根据表现形态、程度、成因、动机等划分为多种类型。其中，根据耕地的利用程度和表现形态划分为显性撂荒与隐性撂荒是最为普遍的分类方式，也被称为"明荒"或"暗荒"。根据谭术魁（2003）的定义，明荒是指在本应种植的一定时段内（通常达到一季），农民不种植任何作物而让田块荒芜的现象；暗荒是指农民照旧在田块上播种农作物，但投入田块的人、财、物有意识地降低（明显达不到要求或低于常年水平），从而导致耕地利用程度下降、产出水平降低。张斌等（2003）将显性抛荒定义为除自然灾害等不可抗拒的外部因素外，由于耕地承包经营者主观方面的原因，造成耕地没有种植农作物而闲置的状态；将隐性抛荒界定为，尽管耕地已经利用，表面上未处于"荒芜"或"闲置"状态，然而却是不经济的、不合理的粗放型利用，经营者未投入较多的资金、技术、管理和劳动力。

通过上述文献可以发现，结合撂荒的成因对耕地撂荒进行界定更加能够描述人类活动对耕地利用的影响，也更富有实践应用价值。在撂荒概念中对农户行为的强调，进一步凸显了从农户行为视角对耕地撂荒进行研究的必要性和重要性。结合现有文献，可以概括出定义显性耕地撂荒的几个关键点：一是耕地的完全未利用状态；二是完全未利用状态的持续时间；三是农户耕地撂荒的动机。赣州市各级政府在耕地撂荒统计中将一年及以上未耕种的耕地视为撂荒地，为保持口径一致、服务于地方政府决策，借鉴现有文献，本书将显性耕地撂荒定义为：

受到社会、经济与自然等因素的共同作用，土地生产经营主体在一年及一年以上停止耕作乃至没有任何投入，从而导致耕地完全未利用，处于一种未知性的荒芜状态。

相比之下，隐性耕地撂荒强调耕地的未充分利用状态，突出表现为耕地的资金、技术、劳动力及管理等投入下降，复种指数降低、不求致富但求自足等粗放经营现象，以及集约度下降、广种薄收、产出水平降低、耕地收益下降等现象。通过现有文献发现，从耕地投入程度识别隐性撂荒得到大多数学者的共识，因此本书将隐性耕地撂荒定义为：受到社会、经济与自然等因素的共同作用，土地生产经营主体减少对耕地的人、财、物投入，表现为明显达不到要求或低于常年水平，从而导致耕地处于未完全利用的状态。

第二节　耕地撂荒的驱动力研究

Benayas 等（2007）认为耕地撂荒驱动力可根据属性分为物理、社会经济、管理相关的驱动力三大类，其中物理驱动力指地球物理、自然地理、生态等因素，包括海拔、地质基底、坡度、方向、肥力、土壤深度，以及其他可能限制农业生产的环境因素；社会经济驱动力包括市场变化、人口流动、技术、可达性、农民年龄等；管理相关的驱动力指开发与土地系统管理不善导致的土壤退化、洪水频发、土壤过度开发和生产力损失有关的因素。其中，社会经济要素变化是耕地撂荒最主要的驱动力（李升发、李秀彬，2016）。欧洲、地中海沿岸国家及中国等地的撂荒过程印证了以上论断。例如，19世纪初法国的土地撂荒一方面由大量农村人口转移到城市和工业区所致，另一方面也是山地社区瓦解的结果（Garcíaruiz and Lanarenault，2011）。中国耕地撂荒驱动力则与家庭联产承包责任制、土地承包权固化、不完善的土地流转市场等国情有关（张英等，2014）。

为验证各类驱动力对耕地撂荒的影响，现有研究运用的方法包括运用计量经济学模型进行影响因素相关性分析、结合遥感技术的撂荒耕地特征分析、基于行为模型的撂荒耕地模拟等。其中，基于计量经济学模型的影响因素相关性分析占主流。例如，郑沃林和罗必良（2019）综合运用 Logistic、Probit、OLS 以及 Tobit 回归模型检验了农地确权颁证对农地撂荒行为的影响，并进一步利用中介效应模型检验了农业投资在农地确权颁证情景下对农地撂荒的产权激励效应，发现农地确权颁证存在明显的产权激励效应，能够显著减少农地撂荒现象，而农业投资在此过程中发挥了重要的中介作用。杨军（2019）运用随机效应变截距模型发现新型农业经营主体的技术效率上升是促使撂荒农地再利用的重要因素。张亮等（2018）运用同样的方法对平原地区耕地撂荒影响因素进行研究，得到不同的结论：务农人数、交通条件、灌溉规模等是驱动平原地区耕地撂荒的主要因素。熊正德等（2017）综合运用结构方程模型、AHP 和熵权法分析农户个人资本对撂荒的影响，发现一级指标物质资本、二级指标储蓄对撂荒的影响最大。张影等（2016）运用 Logistic 模型进行影响因素分析发现，健康水平和年龄在影响农户撂荒行为过程中呈现出阶段性和临界性的特征，较差的健康水平和 62 岁是正负效应的阈值。李赞红等（2014）从农户异质性视角切入，依据生计特点将农户分为缺失型、基本型、发展型三类，基于多元线性回归模型实证分析异质型农户撂荒的影响因素，发现不同类型农户的影响因素存在差异。在结合遥感技术的撂荒耕地特征分析研究中，杨通等（2019）在运用多源数据联合变化检测方法提取撂荒地的基础上，识别撂荒地的距离特征、高差特征、灌溉特征和邻域特征等自然地理指标，进行显著性分析，结果表明高差因素、邻域因素和灌溉因素是区域撂荒的主导因素。基于行为模型的耕地撂荒模拟研究方面，宋世雄等（2018）基于农户有限理性，耦合多智能体模型与土地转换模型模拟耕地撂荒，发现城镇型村庄撂荒的主要原因是农户外出务工多，农业型村庄撂荒的主要原因是耕地总量大、经济效益不好等。上述研究验证了耕地撂荒是经济发展、政策制度、自然因素、技术发展等多种驱动力综合作用的结果（李升发、李秀彬，2016），进一步说明了耕地撂荒成因的复杂性。

在耕地撂荒驱动力研究中，基于计量经济学方法开展的影响因素相关性研究是主流，并且大多是基于农户经济理性、追求收益最大化的假设。值得注意的是，由于研究视角、研究区域、样本选择等的差异，上述研究得到的结论并不一致，且未就各个影响因素对撂荒的作用机制、影响机理进行深入分析，这极大限制了研究结论对于撂荒管理政策的参考价值。在实证分析的基础上，进一步深化影响因素对于耕地撂荒的作用机制、影响机理研究，不仅可以有效揭示上述研究结论不一致的原因，还可以提高研究结论对实践应用的指导价值。

第三节　耕地撂荒过程机理研究

一、耕地收益视角的耕地撂荒过程机理研究

1. 地租理论

耕地撂荒是地租减少到零以下引起的，杜能、李嘉图的地租理论对撂荒

地块分布规律的解释也证实了这一点（Lambin and Meyfroid，2010；Prishche-pov et al.，2013）。假设耕地只有一种用途，由于生产要素价格变化使得耕地处于无租边际以外，即耕地的利润下降到零甚至负值，而且农户无论如何调整生产要素投入这块耕地都处于无租边际以外，理性农户将会放弃经营这块没有利润的耕地，耕地随之被撂荒（李升发、李秀彬，2016，2018）。然而，假如耕地有另外一种用途（例如林地），而且这种用途的耕地地租上升，那么耕地就会被这种用途所取代，不一定形成撂荒现象（刘成武、李秀彬，2005）。例如南方丘陵山区在无租耕地上调整种植结构，改种果树等。

马克思地租理论也为耕地撂荒机理提供了有效解释。根据马克思地租理论，耕地因土壤肥力和位置不同产生级差地租Ⅰ，在耕地投入的生产率差异产生级差地租Ⅱ，即对耕地追加投入产生的较高劳动生产率带来的超额利润。由于农地制度、地租分配不合理等原因，农户无法获得级差地租Ⅱ，农户的农业投资收益无法得到保证，导致耕地被撂荒（肖斌等，2008）。

2. 比较收益

根据新古典经济学的思想，在市场经济条件下，土地资源趋向于可供选择的利润最大的用途（雷利·巴洛维，1989），因此，土地用途和比较收益的可能性变化是土地利用变化的来源（李秀彬，2002）。农业系统作为弱质产业，其生产经营具有鲜明的周期性，人为的工农产品"剪刀差"扩大了留守务农农户与外出务工农户的收入差距（马文起、武彩莲，2005）。舒尔茨（Schultz，1964）在《改造传统农业》中论证，传统社会的农民与现代市场经济的微观经济主体一样，有着追求自身利益最大化的动机，在各种限制条件下做出最优选择。从耕地撂荒的机会成本看，既不减少农户总体利益又能有效替代耕田种地的职业是农户的最优选择。由于农业比较收益较低，权衡务工与务农收益后，农户会将耕地撂荒并从事收益较高的其他行业。从比较收益看，耕地撂荒是市场经济下的经济人行为（李孔俊，2002）。

3. 边际收益

从劳动力异质性视角展开的耕地撂荒研究强调农业劳动力边际成本与边际收益的比较。农户家庭的各个劳动力投入耕地生产的机会成本是不同的，农户会基于务农机会成本与务农边际收益的比较配置家庭劳动力资源。当全部家庭劳动力务农机会成本高于务农边际收益时，基于农户理性人假设，农户家庭劳动力将全部非农化、退出农业生产，如果耕地无法转让，将全部被撂荒；如果部分家庭农业劳动力从事农业生产的机会成本高于务农边际收益，那么这部分农业劳动力将退出农业生产，保留务农机会成本低于务农边际收益的劳动力进行耕地生产，当保留的农业劳动力无法满足家庭耕地对劳动力的需求时，将出现集约度下降或撂荒现象；如果全部家庭劳动力务农边际成本很低甚至为零，低于务农边际收益时，家庭全部劳动力都将投入耕地生产，此时耕地撂荒概率较低，还可能出现过度开发现象。由此可见，根据家庭劳动力务农机会成本与务农边际收益的比较进行劳动力资源配置，是农户合理配置劳动力资源、发挥劳动力比较优势、追求利益最大化的理性选择。

从耕地异质性视角展开的耕地撂荒研究强调不同质量耕地之间的边际收益比较。丘陵山区农户拥有的耕地并非同质的，在劳动力数量或质量降低的情况下，当农业劳动力无法满足耕地的劳动力投入需求时，农户将根据土地质量择优利用耕地（葛霖等，2012）。由于劣等地的耕地边际收益递减幅度大于中等地和好地的递减幅度，理性农户对耕地的投入将遵循边际收益递减规律，按照好、中、差等地的顺序有选择投入耕地。首先，理性农户优先选择边际收益大于平均收益的好地进行集约利用；其次，将耕种边际收益低于平均收益但仍然大于零的中等地进行投入，可见对中等地投入依然是有利可图的，但由于边际收益降幅增大、利润较低，可能出现粗放经营或季节性撂荒的情况，这部分耕地属于准撂荒耕地；最后，对于边际收益小于零的劣等地，由于缺乏经济价值，农户会将其全部撂荒（定光平等，2009）。从整体来看，在我国土地承包制度框架下，土地联产承包责任制和按人头分配土地的制度造成农户耕地面积小，无法实现规模经营，导致耕地边际成本大于边际收益，由此产生了较为普遍的小农户耕地撂荒现象（徐莉，2010）。

二、个体理性视角的耕地撂荒过程机理研究

韦伯认为工具理性行动者追求自己认为能够实现该目标最有效、最合理的手段（Wallace，1990）。因此，个体理性行动者都会趋于以最小的代价获得自身最大的利益，集体理性是以群体利益为出发点追求效用的行为。耕地生产的外部性导致农户基于个体理性的耕地利用行为产生了与基于集体理性的耕地资源错配（陈扬，2019）。

农户耕地生产行为除了能够产生可用货币进行衡量的实物收益外，还能够有效保障粮食安全和社会稳定，前者是农户耕地生产的货币收益，后者则与货币收益一起构成了耕地生产的社会收益。显而易见，耕地生产的社会收益大于个人收益，耕地生产具有正外部性。在农村土地联产承包责任制下，耕地生产成本大多由农户个人承担，可认为耕地生产的个人成本等于社会成本，值得注意的是，耕地生产的个人成本应以农户的务农机会成本计算，而非会计成本。当耕地生产成本大于个人收益且大于社会收益时，耕地生产是不经济的，耕地撂荒是合理选择，例如劣等地的撂荒；当耕地生产成本大于个人收益、小于社会收益时，从社会的角度看，撂荒是耕地资源的浪费、资源配置的失效，例如优等地的撂荒（金星，2013）。

由于耕地生产正外部性的存在，农户无法享受到耕地生产的社会收益，因此务农机会成本较高的农户基于经济理性会选择脱离土地和从事非农工作，造成耕地撂荒行为；集体理性是在个体理性基础上从系统效用的角度进行资源的最优化配置，考虑到耕地正外部性的影响，不允许社会收益大于个人生产成本时的耕地撂荒行为。由此可见，耕地生产经营活动中，农户基于私人成本收益的个体经济"理性"必然会引发集体的"非理性"，即过多的撂荒耕地的存在（陈扬，2019）。

三、要素替代视角的耕地撂荒过程机理研究

农业劳动力析出与农村人口减少被认为是耕地撂荒的直接原因（李升发、李秀彬，2016；田玉军等，2009）。它不仅指劳动力数量的减少，还包括青壮年劳动力外迁引起农业劳动力老龄化所带来的农业劳动能力下降（Romero‑Calcerra‑da and Perry，2004）。劳动力的质量，而非数量，通常是决定耕地撂荒及复垦的因素（Patrick et al.，2016）。

当劳动力对耕地的替代率大于1时，表明种植的是劳动力密集型作物，非农就业的高工资率会增加务农机会成本。当耕地机会成本增加到大于耕地收益时，农业劳动力会从耕地生产中转移到非农经济活动中（郭琳，2009），如果析出的劳动力得不到有效替代，耕地将由于农业劳动力缺乏而被撂荒。在平原地区，机械投入可以代替劳动力投入从而有效避免撂荒发生；在丘陵山区，受地形限制，机械化作业难以展开，无法实现对劳动力的有效替代，因此地形起伏、交通不便、面积过小的耕地被撂荒（曹磊、陈超，2014）。可见，农业劳动力缺乏对丘陵山区耕地撂荒的影响更加突出。

第四节　农户行为理论研究

一、农户的内涵与界定

由于研究对象与研究内容的差异，学者们从不同维度对农户的概念内涵进

行分析：其一是从行政意义上进行区分。徐勇（2006）认为农户是农村的管理及义务载体，也是国家统治和管理的基本单位；国家统计局在2006年的第二次农业普查方案中，将住户的概念定义为拥有固定住所、由经济及生活联为一体的人员组成的单位。其二是强调从事农业劳动的农村常住人口。例如，何亚芬（2018）将农户定义为建立在婚姻和血缘基础上从事农业经营和农业生产的具有一定社会功能的组织单元，且农户成员由常住（每年在家6个月以上）人口组成，不包含常年在外务工人员。其三是突出农户家庭中的姻缘和血缘关系。例如，刘思亚（2016）将农户定义为以姻缘和血缘关系为纽带的社会生活组织。其四是认为农户就是家庭农场。黄宗智（1986）也将中华人民共和国成立之前的小农户称作家庭农场，俄国的 A. 恰亚诺夫（1996）在关于小农经济的论述中也将农户表述为小农家庭农场。其五则是强调农户在经济上共同核算收支，家庭关系和经济生活不可分割的特征。例如，卜范达和韩喜平（2003）认为"农户"指的是"生活在农村的，主要依靠家庭劳动力从事农业生产的，并且家庭拥有剩余控制权的、经济生活和家庭关系紧密结合的多功能的社会组织单位"。

丘陵山区农户耕地撂荒行为涉及农户收入、消费、生产要素配置与生计决策，将农户概念限定于农村常住人口会忽略农村劳动力外流对撂荒的影响；在不同的社会里，组成家庭的亲属关系有很大区别，以"家庭"概念为界限将难以找到农户行为的一般规则（Ellis，1988）。基于此，参考现有文献，本书将"农户"定义为：在农村有固定住所、以婚姻或血缘为纽带联系在一起的农户家庭中，共同享有家庭剩余并共同对家庭土地生产、投入、劳动力资源配置等进行决策，家庭与经济关系紧密结合并具有独立生产经营能力的多功能社会组织单元，包括部分或完全脱离农业生产，但依然对农村地区农业资源享有申索权的家庭成员。

二、形式主义学派

形式主义学派持"理性小农"观点，认为在激烈的市场竞争下，农户与资本主义企业一样，是趋利避害、追求利润、具有"经济理性"的理性人（俞振宁，2019），以追求利益最大化为目标而做出生产决策。舒尔茨在《改造传统农业》中提出，尽管传统农业可能贫乏，但以农民世代使用的各种生产要素为基础的传统农业中，其生产要素配置依然是有效率的，"没有一种生产要素仍未得到利用"（Schultz，1964）。波普金进一步发展了舒尔茨的理性小农理论，他在其论著《理性小农：越南农业社会的政治经济》中提出，农民的投资目的不仅是为了"保护"，也是为了提高生活水平。以小农为基础的家庭农场最适宜用资本主义企业来描述，从这个角度看，村庄应该被视为"公司"而非"公社"，因此，亚当·斯密市场经济中"看不见的手"可以通过农民逐利的创新性行为，在传统农业的发展过程中起到积极作用。波普金将"理性小农"理论推向了极端，从而在同时期形成了与詹姆斯·C. 斯科特"道义小农"理论的对立（Popkin，1979；饶旭鹏，2011）。该学派在一定程度上解释了土地家庭联产承包责任制改革前后中国农业和农业经济绩效的变化（刘克春，2006）。

三、实体主义学派

实体主义学派持"道义小农"观点，该理论发源于俄国农业经济学家 A. 恰亚诺夫的著名论著《农民经济组织》。与西方经济学将经济理性普遍化的观点不同，"道义小农"理论反对将小农比作追求利润的资本主义企业家。A. 恰亚诺夫的农户家庭决策经济模型强调农户既是生产单位又是消费单位，将追求"家庭效用最大化"的家庭农场作为农民经济活动的基本单位。与资本主义企业家追求

"成本—利润"平衡的目标不同,农民家庭在辛苦乏味的劳动负效用与满足家庭消费需要的收入效用之间进行权衡决策,A.恰亚诺夫在《农民经济组织》一书中将其概括为"劳动—消费均衡理论"。由此可发现农民家庭的两个相互对立的目标:一是收入目标,需要通过田间辛苦劳作才能获得;二是与获得收入相对立的避免乏味劳作的目标。因此,A.恰亚诺夫"道义小农"理论也被称为"劳苦规避型"农民理论。由于A.恰亚诺夫模型没有有效地指明生产函数变化对家庭决策的影响,它并不能有效地应用于政策研究中(A.恰亚诺夫,1996)。

卡尔·波兰尼秉承A.恰亚诺夫从小农问题的哲学层面和制度维度来分析小农行为的思想,但比A.恰亚诺夫更加尖锐和深刻。他在1944年出版的《大转型:我们时代的政治与经济起源》中对资本主义经济学基于"经济人"和完全竞争市场假设的形式主义分析方法进行批判,认为市场只有在市场社会里才能运行,必须把经济过程作为社会的制度过程来研究,提出在前资本主义小农经济的研究中用"实体经济学"替代"形式经济学"(卡尔·波兰尼,2007)。

詹姆斯·C.斯科特扩展了卡尔·波兰尼的逻辑,明确了小农"道义经济"命题。他提出,农民的目的是生存,其行为的主导动机是"避免风险"和"安全第一",农民追求的不是收入最大化,而是较低的风险分配与较高的生存保障。该观点强调小农的"生存逻辑",亦称为"生存小农"。这在规避经济灾难而不愿冒险追逐平均收入最大化方面很有代表性(詹姆斯·C.斯科特,2001)。

四、历史学派

历史学派以黄宗智为代表。黄宗智(1986)在综合"理性小农"和"道义小农"学说基础上,在《华北的小农经济与社会变迁》中指出,小农问题研究需承认农民兼备三种属性:一是小农为了家庭生计而生产,因而不同于资本主义企业家;二是农民的农业生产也部分地适应市场需求而生产,因此必须考虑供给需求和利润价格等方面；三是传统农民也是一个备受剥削的群体，雇主通过地租、税收等方式，把农民的生产资料剩余部分用于支持统治阶级和国家机器。黄宗智（2000）借用了 Geertz 提出的"农业内卷化"（Agricultural Involution，也被译为"过密化"）概念分析小农家庭在边际报酬十分低的情况下继续投入劳动力的原因：一是耕地稀缺给农户带来巨大生存压力，导致农户劳动力投入持续增加到边际产品接近零的水平；二是农业过剩劳动力无法在市场上找到合适的非农就业机会，农业劳动的机会成本为零，因此农户家庭将剩余劳动力投入到极低报酬工作是"合理"的；三是出于农户为自家劳作的动力，这不同于被他人雇用，因此农户愿意在报酬低于市场工资的情况下进行家庭劳作。黄宗智的小农行为观点综合了不同学派的观点，对于中国早期以农业为主的小农生计具有较强解释力。然而，随着社会经济发展，黄宗智的小农行为理论假设得以成立的社会背景已发生变化，例如近年来农业劳动力机会成本为零的情况几乎不存在。因此，对于近年来普遍出现的丘陵山区耕地撂荒现象，亟须契合当代社会经济背景的农户行为理论予以解释。

五、社会心理学派

1978 年诺贝尔经济学奖获得者赫伯特·西蒙提出的"满意决策论"创造性地用"令人满意"的准则代替古典决策理论的"最优化"准则，认为受认识能力、信息、时间、经费等限制，决策者不可能是完全理性的，无法做出最优决策。这为质疑农户是单一追求收入最大化的"理性小农"观点提供了理论基础（Burton，2004）。20 世纪 70 年代，Gasson（1973）梳理了农户行为决策中价值、非经济等不同类型行为目标，推动了农户非经济目标行为决策理论的发展，有效补充了理性模型。1975 年，一个新的行为理论方法开始出现在乡村研究领域，并在随后几十年中对农村社会学产生了最重要的影响——被称为

"新的农村社会学"的社会心理学"理性行为理论",极大地推动了该理论在农业领域的发展。由于理性行为理论从主观态度、行为规范两个维度对行为意愿和行为响应进行解释和预测,主观性较强、忽略了主观意志之外的客观因素对行为决策的制约,Ajzen和Fishbein在理性行为理论基础上增加知觉行为控制,极大地提高了模型对行为的解释力,并在农户行为研究中得到广泛应用(Joyce et al. ,1999)。

国内学者结合当前中国农村社会的"社会化"趋势,以农户为出发点重构农户行为分析框架,提出了"社会化小农"概念,从社会学视角进一步丰富、拓展对小农经济的理解。杜鹏(2017)认为社会性小农是中国式小农经济运行和发展的深层基础,不理解社会性小农及其运行机制,就无法理解"半工半耕"机制(贺雪峰,2013)的社会基础。社会性的小农经济是适应农业生产关系转型的结果,是生产力发展到一定阶段的结果和表现(周涛,2019)。传统经典小农理论是以小农生存问题没有解决、农村较低的社会和市场化水平为假定条件的,与当前中国农村经济发展实际并不吻合,以传统的"小农经济"概念来定义当今农民已远远不够,对农户行为研究应从中国农村社会化程度高、土地均等化、税费全免等制度安排下的现实国情出发。

从国内外对农户行为研究看,受到认知、信息、时间、经费等客观条件限制,农户行为更多表现出"有限理性",单一的"经济理性"或"劳动规避型"农户理论无法完全解释农户行为的复杂性。因此,对于农户耕地摆荒行为机理的分析应基于有限理性假设,在分析农户追求收入最大化的基础上,同时分析基于社会的、文化的、心理的因素表现出的农户理性,才能够更加贴合农户耕地利用实际情况。

第五节　计划行为理论及其在农户行为决策中的应用

一、计划行为理论

计划行为理论（Theory of Planned Behavior，TPB）遵循行为人有限理性假设，从信息加工的角度解释个体行为的一般决策过程（段文婷、江光荣，2008），是社会心理学中关于个体行为生成最重要的理论之一（闫岩，2014），已成为社会心理学中最著名的态度行为关系理论。该理论基本观点如下（见图 2 - 1）：

其一，行为意向（Behavior Intention，BI）是行为的前置变量，是个体执行特定行为的倾向性（张辉等，2011），可以直接决定行为响应（Behavior Response，BR）。行为意向是个体对采纳特定行为的意图判断，也可理解为个体采纳特定行为的主观概率，其行为意向越强，采取行动的可能性越大，两者存在高度相关性。由于行动者的行为意向可能随着时间而发生变化，因此计划行为理论认为行为意向有其自身的决定因素。

其二，行为意向原则上由以下三个因素决定：一是对行为态度（Attitude toward Behavior，AB）的认知，即个体的内在因素，来自于人本身的行为或形成的意识；二是对主观规范（Subjective Norm，SN）的认知，属于个体外在因素，来自于周围社会反馈给行为人的规范或者暗示；三是对知觉行为控制（Perceived Behavior Control，PBC）的认知，例如时间、机会等因素，来自于行为人行动面临的约束和障碍。其中，行为态度表示个体行为的动机因素，即个体在对目标行为进行价值评估后，对该行为赞成或不赞成、喜欢或厌恶的认知判断；主观规范即个体采取某一行为所感受到的社会压力，也可理解为对个体行为具有影响力的个人或团体对个体特定行为决策所产生的影响；知觉行为控制反映个体根据过往经验和机会，对行为实施所能控制的资源、机会与能力的判断，表明自身对行为实施效果控制的能力，对行为响应亦具有直接效应。当个体的行为态度、主观规范、知觉行为控制对行为意向的正向影响越强时，个体执行该行为的可能性就越大。

其三，个体对行为态度、主观规范、知觉行为控制的认知共同受到外生变量的影响，包括人口变量、工作特性等，因此行为态度、主观规范、知觉行为控制具有共同的信念基础，它们既彼此独立又两两相关。外生变量最终通过认知与意愿对行为响应产生影响（Ajzen，1991）。

作为社会心理学领域解释个体行为生成最重要的理论之一，计划行为理论对个体行为的解释不仅考虑了知觉行为控制等与农户切身利益直接相关的客观因素，也将农户行为态度、主观规范等观念性、心理性等非理性因素纳入决策分析框架，较好地反映了个体行为的有限理性假设。由于农业决策与社会心理学之间联系紧密，计划行为理论也在农业经济领域得到了越来越多的应用（Burton，2004）。农户的耕地撂荒行为受到经济、社会、心理等多方面因素的影响，在计划行为理论框架下分析江西赣南丘陵山区农户耕地撂荒行为机理，可以有效反映撂荒成因的综合性与农户行为的复杂性。

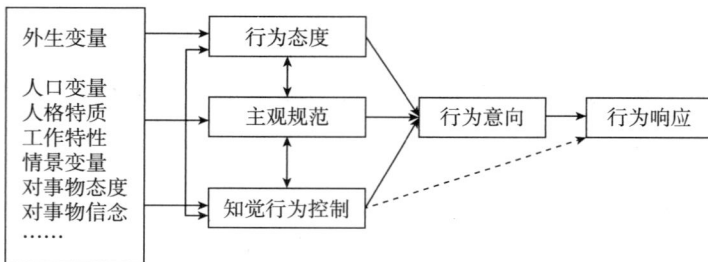

图 2-1　计划行为理论模型

二、计划行为理论在农户行为决策中的应用

获得诺贝尔经济学奖的心理学家赫伯特·西蒙提出的满意决策理论认为，人们并不一定追求最优化决策，而是有可能追求一种满意的社会内在或更为丰富内涵的目标，"最优化"只存在于纯数学或抽象的概念中，经济学家应聚焦于"人的社会行为的理性方面和非理性方面的界限"。赫伯特·西蒙于 1947 年在《管理行为》中正式提出了有限理性概念，从心理学角度出发，强调人类行为的理性是在给定环境限度内的理性。

随着赫伯特·西蒙有限理性理论的提出，行为决策理论得到了前所未有的发展，社会心理学的研究成果被不断地引入经济行为分析，许多心理学家和经济学家在此基础上进一步研究有限理性的边界、决策过程和方法。2002 年诺贝尔经济学奖获得者丹尼尔·卡尼曼将心理学融入经济学研究中，大大完善和发展了行为经济学理论（黄祖辉等，2005）；2017 年诺贝尔经济学奖获得者理查德·塞勒开创性地揭示了偏离理性行为对人们经济决策的系统性影响，对有限理性经济决策研究进行论证（张延、张轶龙，2017）。如果说以赫伯特·西蒙、丹尼尔·卡尼曼、理查德·塞勒等为代表的行为经济学家将心理学融入个体经济行为研究和有限理性理论的提出是基础的开创性解释和预见，那么诸如社会心理学家 Fishbein、Ajzen 等的计划行为理论则是在前者的基础之上对经济人有限理性行为的解释和预见进一步具体化运用，该理论可以为人们解释和预见经济人决策行为提供一种新的研究视角和新的分析范式（刘克春，2006）。作为最有效的被广泛应用于分析态度和行为的概念性框架之一（Ajzen，1988），计划行为理论能显著提高对行为的预测力和解释力。由于农业决策与社会心理学之间的密切联系，众多农业经济学者和社会心理学者将计划行为理论应用到农业研究领域（Burton，2004）。

其中，结合结构方程模型，运用行为态度、主观规范、知觉行为控制、行为

意愿、行为响应五要素，或在此基础上对前置潜变量进行修正，对农户行为机理进行分析是计划行为理论最普遍的研究应用。沈萌等（2019）通过解构计划行为理论，将行为态度等作为中间变量，并加入感知有用性、感知风险、同伴影响、上级影响、自我效能、便利条件六个前置变量，对影响农户农地转出意愿的主观决策因素进行分析，发现农户农地转出的最大动力是经济收益，农户对于同伴信任度高于对村集体的信任度。胡伟艳等（2019）在计划行为理论中构建二阶结构方程模型，分析农户耕地生态功能认知对农户参与生态功能供给意愿和行为的影响。俞振宁等（2018）将计划行为理论应用于农户重金属污染耕地休耕治理行为中，发现农户休耕行为响应受到行为态度、主观规范、知觉行为控制三个前置因素的影响。殷志扬等（2012）运用计划行为理论解释了农户土地流转意愿的形成机理，研究发现流转行为态度的形成主要取决于预期收益，计划行为理论对农户土地流转意愿具有较好的解释力，土地流转先行者、家人、村里德高望重的人对流转主观规范影响较大，并显著影响流转意愿；知觉行为控制主要取决于农户对土地政策的了解程度。

此外，也有学者运用回归分析方法，对影响认知的外生变量对行为响应的影响进行实证和理论分析。例如，刘帅等（2019）基于计划行为理论构建农户安全生产行为的理论基础上，运用 OLS 显性回归和泊松回归模型，着重分析组织化程度、风险规避这两个外生变量通过作用于行为态度、主观规范、知觉行为控制对农户安全生产行为产生的影响。苏春慧等（2019）基于计划行为理论，从农户个体特征、土地基础条件、流转主观因素、农户认知水平四个方面选取了影响行为态度、主观规范、知觉行为控制的外生变量，运用二元 Logistic 实证分析个体特征等外生变量对农户耕地撂荒和土地流转行为的影响。陈金怡和魏铭（2016）在计划行为理论框架下，对土地流转促进行为态度、主观规范和知觉行为控制正向化，从而增强农户土地培肥意愿的机理进行分析。谢明志等（2013）在计划行为理论框架中增加过去行为作为认知潜变量，选取农业种植效应、政府流转态度、自身禀赋、劳动力资源、农地资源、家庭资本构成等作为外生变量，结合调研数据，运用二元 Logistic 回归模型定量分析外生变量对农户流转行为的影响，对基于计划行为理论的假设进行验证。蔡志坚等（2012）在计划行为理论框架中增加行为目标作为潜变量，并选取资源禀赋、农户特征、社会经济环境等作为外生变量，分析外生变量通过认知、目标、意愿对农户林地转出决策的作用路径，从而揭示农户林地转出决策形成机制及社会、经济、制度、农户特性与农户资源禀赋等外生因素对农户行为的作用机理。

由此可见，通过结构方程模对计划行为理论适用性进行验证，进而分析行为机理，以及运用计量模型实证分析外生变量通过行为态度、主观规范、知觉行为控制对农户行为的影响是主要的研究方向。耕地撂荒行为本质是农户耕地利用行为，农户既追求收益最大化，也受到根深蒂固的恋土情结、亲情、社会等非理性因素的影响。结合农户行为的心理学、社会学特征，运用计划行为理论全面分析农户耕地撂荒行为机理，并结合外生变量进行实证分析将是本书的重点研究内容。

第六节　文献述评

从上述文献分析可知，农户耕地撂荒行为是城镇化与工业化过程中的普遍现象，国内外学者从撂荒概念与内涵、驱动力、过程机理、农户行为理论、计划行为理论应用等方面进行了探讨性的研究，并取得了诸多有价值的成果，为本书基于计划行为理论的农户耕地撂荒行为机理研究奠定了坚实的基础。然而，通过对国内外文献的总结与梳理，现有农户耕地撂荒行为机理研究存在以下不足：

其一，从研究方法和研究内容看，当前的农户耕地撂荒行为机理研究大多注重运用计量经济学方法对耕地撂荒影响因素和撂荒现象之间进行相关性研究，而缺乏对农户耕地撂荒行为的形成机制、行为动机和决策过程的系统研究。在农户耕地撂荒的影响因素研究中，由于缺乏系统的理论框架和规范的前提假设，研究区、样本、方法、研究时间等的差异有可能导致不同的甚至矛盾的研究结论，限制了研究成果的解释力和应用范围。实际上，农户耕地撂荒行为的形成机制反映的是农户耕地撂荒行为最深层次的本质和规律，它从根本上解释了农户耕地撂荒行为的产生、变化和演化趋势。任何遏制耕地撂荒政策的实施都是通过行为的形成机制和过程产生作用。因此，在系统的理论框架下，对农户耕地撂荒行为的形成机制、行为动机和决策过程进行研究，不仅可以为影响因素实证分析中得到不同结果的原因提供解释，补充现有农户撂荒行为机理研究中的短板，还可以有效地为政府耕地管理政策提供参考，具有实践指导价值。

其二，现有农户耕地撂荒行为机理研究缺乏对行为理性的预先假设，或直接将农户假设为追求收入最大化的理性小农，并不符合现实中农户的行为决策过程。现有研究从耕地收益、要素替代、个体理性等视角对农户耕地撂荒行为机理进行的分析，本质上还是基于农户追求收益最大化的完全理性假设。然而，近现代行为经济学将心理学引入经济学的研究成果表明，人的行为不可能完全理性，而是有限理性的，人类的行为不仅受到经济理性的影响，还受到规范、观念等非理性引导的影响，对于农户行为的研究也是如此。追求收益的理性小农假设对于现实中的农户行为缺乏解释力；追求闲暇的道义小农假设仅存在于不存在劳动力市场的情形中；综合小农学派产生于农业劳动力机会成本极低的背景。由此可见，理性小农、道义小农、综合小农理论仅反映特定背景下农户行为局部特征，并不能真实、全面反映当代农户行为特征。后期的社会心理学派则较好地反映了农户行为的有限理性特征，提出既要考虑农户追求收益最大化的行为动机，也需要结合农户在一定限制条件下的心理、社会学特征。计划行为理论是社会心理学中关于个体行为生成的最重要的理论之一，也是对经济人有限理性行为解释和预见的进一步具体化运用。根据计划行为理论，行为由行为意愿决定，行为意愿又受到行为态度、主观规范、知觉行为控制的影响。在计划行为理论框架下分析农户耕地撂荒行为机理，既纳入了收益等与农户切身利益密切相关的因素对农户行为的影响，也考虑了农户行为态度等心理学特征、外部压力等社会学特征对农户耕地撂荒决策的影响，贴切反映了农户在耕地撂荒过程中表现出的有限理性思维，对于现实生活中的农户耕地利用行为具有较强解释力。

本书在计划行为理论框架下，综合运用农户模型、效用论、边际收益等理论和方法，按照"外生变量—认知判断—意向选择—行为响应"的思路对农户耕地撂荒行为机理进行分析，全面反映了农户耕地撂荒行为体现的经济、社会、心理特征，对农户耕地撂荒行为具有较强解释力，具有较高的理论与实践价值。

第三章
研究区概况与数据来源

第一节　研究区概况

　　赣州市俗称赣南，位于赣江上游，江西南部，"八山半水一分田，半分道路和庄园"是其丘陵地形的真实写照。作为江西的"南大门"，赣州东邻闽南三角洲，南连珠江三角洲和港澳地区，西接湖南，北与江西省吉安市、抚州市相连，是连接长江经济区与华南经济区的纽带（陈纳新，2011），具有明显的东进西出、南接北承的区位优势（见图3-1）。

一、自然地理概况

　　赣州市位于北纬24°29′~27°09′、东经113°54′~116°38′之间，属亚热带丘陵山区湿润季风气候，气候温和，热量丰富，雨量充沛，无霜期长。赣州市是南

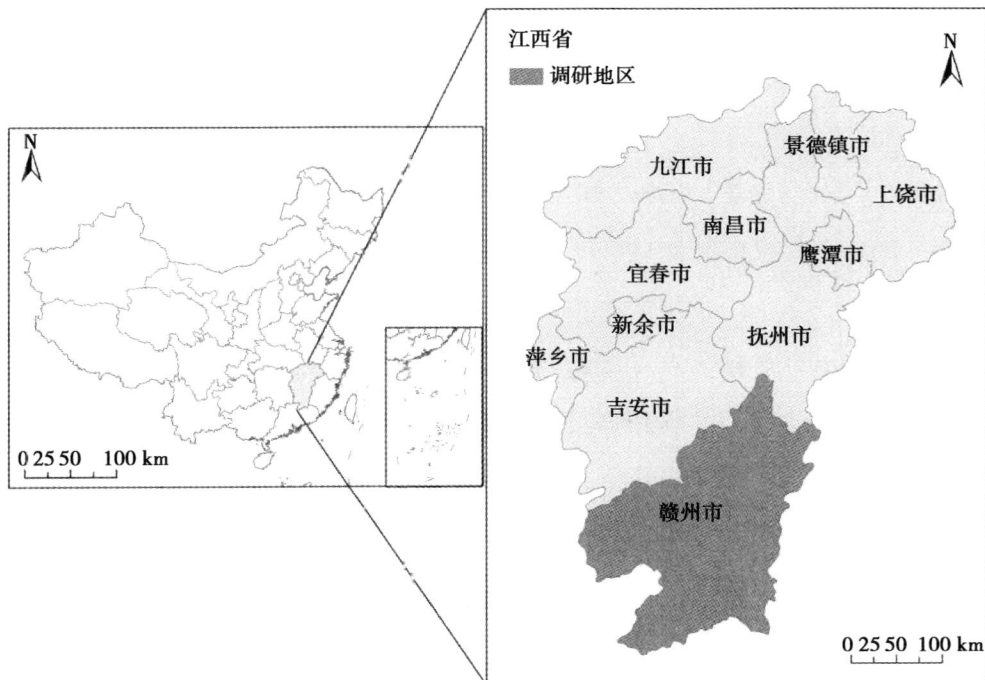

图 3-1 研究区区位图

方丘陵山区的典型区域，平均海拔高度在 300~500 米之间，地形以山地、丘陵为主，其中丘陵面积 24053 平方千米，占全市土地总面积的 61%；山地面积8620 平方千米，占全市土地总面积的 21.89%。近年来，受到不合理土地利用方式及耕地撂荒的影响，赣州市耕地播种面积及质量均有不同程度的下降。

二、社会经济概况

赣州市下辖 18 个县（市、区），3 个国家级经济技术开发区、1 个综合保税区、1 个国家级高新技术产业开发区（何世林、张声林，2017）。赣州市面积3.94 万平方千米，2019 年末全市户籍总人口为 983.07 万，面积与人口分别占江西省的 1/4 和 1/5，是江西省最大的行政区。综合来看，2018 年赣州市地区生产总值（GDP）2807.24 亿元，比上年增长 9.3%。其中，第一产业增加值 340.30 亿元，增长 3.7%；第二产业增加值 1194.24 亿元，增长 8.9%；第三产业增加值 1272.70 亿元，增长 11.5%。2018 年人均地区生产总值 32429 元，比上年增长 8.7%。2018 年财政总收入 459.51 亿元，比上年增长 12.5%。三次产业结构由 2017 年的 13.3∶42.6∶44.1 调整至 2018 年的 12.1∶42.6∶45.3。第一产业比重均高于全国 9% 和江西省 10.7% 的比重[1]。从整体来说，农业在赣州市具有重要地位（见表 3-1）。然而，从农业经济效益来看，2015 年赣州市每一劳动力创造农林牧渔业总产值为 25770 元，在江西 11 个地级市中排名第 11 位，说明赣州市农业生产效率较低（见表 3-2）。

表 3-1　赣州市产业结构　　　　　　　　　　　　　　　　单位:%

地区	第一产业比例	第二产业比例	第三产业比例
赣州市	12.1	42.6	45.3
江西省	8.6	46.6	44.8
全国	7.2	40.7	52.2

资料来源：《赣州市 2018 年国民经济和社会发展统计公报》《江西省 2018 年国民经济和社会发展统计公报》。

表 3-2　江西省每一农业劳动力创造农林牧渔业总产值及排名

地区	每一农业劳动力创造农林牧渔业总产值（元/人）	排名	地区	每一农业劳动力创造农林牧渔业总产值（元/人）	排名
江西	33795	—	鹰潭	37396	8
南昌	42303	2	赣州	25770	11
景德镇	44291	1	吉安	38037	6
萍乡	38431	4	宜春	39624	3
九江	28143	10	抚州	38225	5
新余	37905	7	上饶	29610	9

资料来源：《江西省统计年鉴（2016）》。

---

①　数据来源于《赣州市 2018 年国民经济和社会发展统计公报》。

三、耕地资源概况

赣州市耕地资源具有面积小、后备资源不足，以及土地绝对数量大、人均占有量少的特点。根据国土资源部 2018 年 7 月 13 日印发的全市土地利用现状数据，截至 2017 年赣州市土地利用总面积 3936295.53 公顷，其中耕地 438678.54 公顷，园地 126124.21 公顷，林地 2913722.23 公顷，草地 55053.95 公顷，城镇村及工矿用地 185129.05 公顷，交通运输用地 47483.25 公顷，水域及水利设施用地 121326.09 公顷，其他土地 48778.21 公顷（见图 3 - 2）。根据 2017 年土地利用数据，赣州市人均耕地 0.675 亩/人，不仅低于江西省 1.000 亩/人和全国 1.456 亩/人的人均耕地水平，还低于联合国粮农组织所确定的 0.795 亩/人的人均耕地面积警戒线，耕地资源匮乏（见表 3 - 3）。近年来，随着劳动力务农机会成本提高，农村劳动力外流趋势加剧，耕地撂荒现象较为普遍。

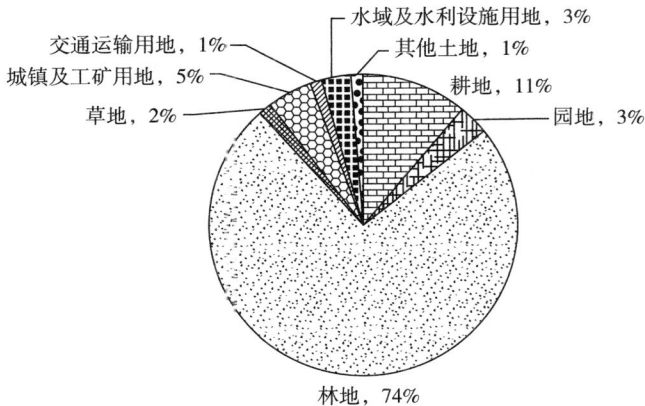

图 3 - 2 赣州市 2017 年土地利用类型图

表 3-3　赣州市社会经济指标情况

地区	人均耕地面积 （亩/人）	人均粮食播种面积 （亩/人）	人均 GDP （元/人）	农民人均可支配收入 （元/人）
赣州市	0.675	0.793	29308	9717
江西省	1.000	1.229	45187	13242
全国	1.456	1.273	59660	13432

资料来源：《赣州市 2017 年国民经济和社会发展统计公报》《赣州统计年鉴（2018）》《中国统计年鉴（2018）》《江西省 2017 年国民经济和社会发展统计公报》《江西省第三次全国农业普查主要数据公报》《江西统计年鉴（2018）》。江西省人均耕地面积数据采用的是 2016 年数据。

第二节　数据来源

一、统计数据及政府报告

本书第三章的第一节研究区概况及第四章的第二节赣南丘陵山区隐性耕地撂荒现象诊断相关数据来源于统计年鉴或政府报告等公开统计数据。其中，第三章的第一节中第一、第二、第三产业比例、人均耕地面积、人均播种面积、农民人均可支配收入数据来源于国家及省市《国民经济和社会发展统计公报》《赣州统计年鉴》以及《第三次全国农业普查主要数据公报》；第四章的第二节中赣南丘陵山区历年耕地面积、农业生产经营情况等有关数据来源于历年《赣州统计年鉴》，农产品、农资价格、农业收益等数据来源于《全国农产品成本收益资料汇编（1999—2018 年)》，农用化肥、农药、劳动力投入等数据来源于 EPS 数据平台江西县市统计数据库。

二、实地调研

1. 案例区选择

本书案例区的选择自上而下逐级进行，案例区的选择既要具有异质性与代表性，又要较为全面地覆盖赣州市不同地区，从而全面反映赣州市耕地利用概况。根据《赣州市城市总体规划（2017—2035年）》，赣州市将形成以赣州都市区为核心，东部、南部城镇群协同发展的"一区两群"城市框架，其中"一区"为赣州都市区，包括章贡区、赣州经开区、蓉江新区、南康区、赣县区、上犹县、崇义县、大余县、信丰县、于都县、兴国县的全部行政辖区，"两群"为以瑞金市为核心的东部城镇群，还包括宁都县、石城县、会昌县的全部行政辖区，以及以龙南县为核心的南部城镇群，还包括定南县、全南县、安远县、寻乌县的全部行政辖区。结合各区县城镇化发展规模、城镇化水平，同时考虑到赣州市近年来耕地重心向西迁移、经济重心向西南迁移（刘耀彬、刘皓宇，2018），本书选择位于核心都市区的崇义县、兴国县，东部城镇群的石城县、会昌县，南部城镇群的龙南县作为研究区（见图3-3、表3-4），以上五县分别分布于赣州市西部、北部、东部与南部，可以较为全面地反映赣州市耕地利用情况，社会经济指标情况如表3-4所示。

表3-4　样本县社会经济指标情况

	人均耕地面积（亩/人）	人均粮食播种面积（亩/人）	人均GDP（元/人）	农村人均可支配收入（元/人）	人口（人）	农业占GDP比重（%）
兴国	0.742	0.978	18635.32	9729	850094	15.16
崇义	0.881	0.505	37709.32	9390	215997	8.05
龙南	0.548	0.516	45465.65	10481	337003	6.44

续表

	人均耕地面积（亩/人）	人均粮食播种面积（亩/人）	人均GDP（元/人）	农村人均可支配收入（元/人）	人口（人）	农业占GDP比重（%）
石城	0.994	0.889	15886.37	8435	332682	22.34
会昌	0.849	0.858	19777.38	9612	526951	17.60

资料来源：《赣州统计年鉴（2018）》《赣州市人民政府办公厅关于调整赣州市各县（市、区）土地利用总体规划（2006—2020年）主要规划指标的通知》。受数据限制，耕地面积为2014年数据。

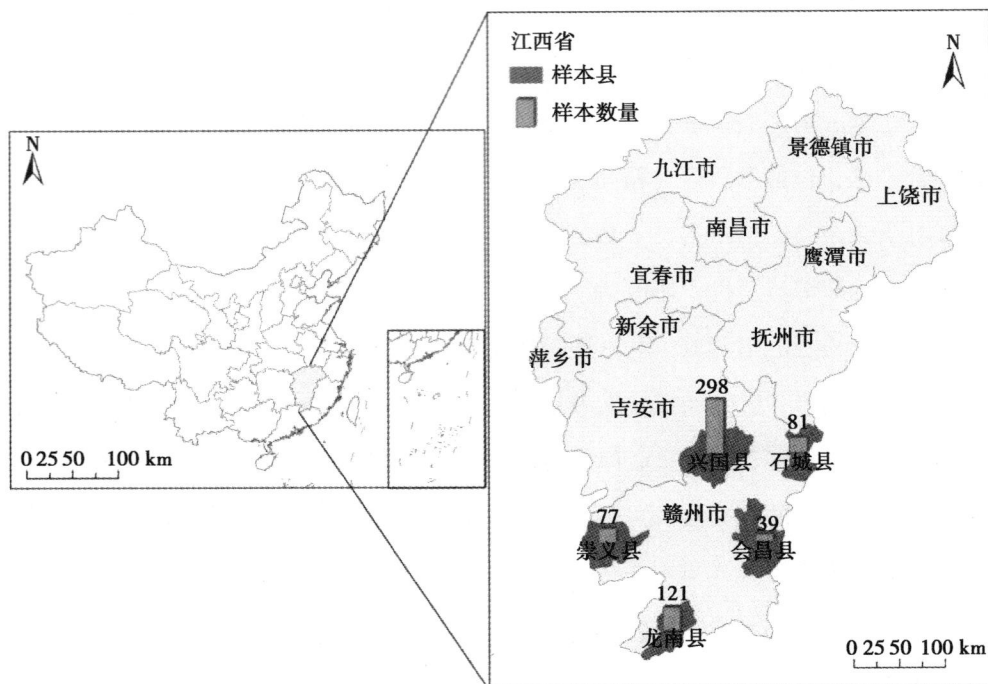

图3-3　样本县区位图

2. 预调研与实地调研

本书第四章研究区耕地撂荒现象诊断、第六章丘陵山区农户耕地撂荒的计划行为理论适用性验证、第七章基于计划行为理论的丘陵山区农户显性耕地撂荒行为实证分析、第八章基于计划行为理论的丘陵山区农户隐性耕地撂荒行为实证分析数据来自于课题组成员的实地调研，以及与当地政府部门、乡镇干部、农户访谈的结果汇总。

调研组（含博士研究生 2 人、硕士研究生 2 人）于 2019 年 6 月下旬赴赣州市兴国县兴江乡、南坑乡进行预调研，并分别选择平原村、偏远山区村、土地流转力度较强及土地流转力度较弱的典型村庄开展实地考察。在预调研过程中，课题组对农户访谈、焦点访谈及问卷调研问题中存在的不足和反映的问题进行了详细记录，并通过小组讨论等方式对问卷及调研方案进行补充和完善，为 7 ~ 8 月的正式调研奠定了良好的基础。

调研组（含博士研究生 3 人、硕士研究生 7 人）于 2019 年 7 月上旬先后赴赣州市兴国县、崇义县，2019 年 8 月中下旬先后赴赣州市龙南县、石城县、会昌县开展农户参与式评估入户调研，在样本村根据农户耕地利用情况随机抽取农户，确保农户样本覆盖所有耕地利用类型。本次调研内容丰富、形式多样，包括农户访谈、焦点访谈、问卷调研等。农户深度访谈提供了调研员与农户面对面直接交流的机会，农户可以"不受研究者期望获得或者研究者曾在文献中获得的内容的妨碍，自己讲述故事"（Creswell，2007），使调研员可以获得农户耕地撂荒情况与动机的一手真实信息。在条件具备的村庄，通过乡（村）委会有关工作人员协调，组织村民代表、乡（村）委会干部开展农村耕地撂荒焦点访谈，并收集当地政府有关遏制耕地撂荒的政策文件、会议记录、耕地利用状况报告、农户生计情况等资料。通过入户问卷调研，共收集问卷 637 份，其中有效问卷 616 份，问卷有效率为 96.7%，问卷调研主要内容如下：

（1）农户耕地情况，包括地块面积、数量、类型、等级、灌溉条件、野生动物破坏程度、自然灾害破坏程度、区位、通勤时间、通勤成本、耕地流转情况（包括流转原因、流转方式、流转对象、流转模式、流转时间、流转期限、流转租金、是否有书面流转合同）等。

（2）农户生产经营情况，包括种植作物品种、耕地产量、种子投入、农药、化肥、农膜投入、机械费用、雇工费用、种植方式、收割方式、劳动时间等。

（3）农户家庭成员和劳动力基本情况，包括家庭人口、性别、年龄、文化程度、健康状况、是否中共党员、是否参加新农保、是否参加医保、务农年限、参加农技培训次数、婚姻、户口、务农类型、务农程度、外出经历、非农就业职业、非农就业时间、非农就业收入、非农就业地点等。

（4）家庭全年收支情况，包括家庭总收入、务工收入、种地收入、果树收入、林业经营收入、养殖/放牧收入、耕地地力补贴、产业扶持补贴、农机补贴、其他收入，以及家庭总支出、农业生产经营成本、家庭生活费（包括外出就餐费、文化娱乐支出、通信交通费）、人情礼支出、医疗费、其他支出等。

（5）农户耕地撂荒动机调查，包括耕地撂荒原因、劳动力不足原因、劳动力外出务工原因、耕地种植客观障碍、撂荒原因等。

（6）撂荒访谈，包括农户粮食价格预期、务农原因、耕地撂荒原因分析、对当地农业发展及规模经营前景预期、对农业发展的建议等。

（7）农户耕地撂荒认知，包括对耕地撂荒环境、经济、社会影响的认知，政府/家人/村民对撂荒干预程度的认知，农户对自身非农就业能力、耕地客观障碍、家庭农业劳动力状况认知，农户及后代务农意向选择、耕地耕作现状认知（两季改成一季、粗放经营、耕地撂荒）等。

第四章
研究区耕地撂荒现象诊断

依据本书对农户、显性耕地撂荒、隐性耕地撂荒的定义，可以在其基础上对赣南丘陵山区耕地撂荒现象进行诊断，获得对研究区耕地撂荒现状、程度、特征等的全面认识，为后文丘陵山区农户耕地撂荒的计划行为理论逻辑分析提供可靠的研究思路。

第一节 赣南丘陵山区显性耕地撂荒现象诊断

根据对显性耕地撂荒的定义及表现形态，本书对赣南丘陵山区一年及一年以上未利用耕地的面积、程度等进行诊断，并对其地形特征、灌溉条件、自然环境、区位条件等状况进行归纳分析。由于缺乏市级层面的显性耕地撂荒公开统计数据，显性耕地撂荒诊断主要运用案例区的样本农户数据，从微观农户层面诊断案例区的显性耕地撂荒状况。

一、耕地生产经营状况

在研究区耕地经营状况方面，616户样本数据显示，户均承包耕地面积3.48亩，其中，保留耕地种植的农户共451户，其户均实际经营耕地面积2.78亩。在样本农户中，完全不经营耕地的样本农户有165户，占26.79%；实际经营面积小于或等于2.78亩的农户有249户，占40.42%；2.78~5亩的农户有157户，占25.49%；大于5亩的农户有45户，占比7.31%（见表4-1）。可见，在研究时段内研究区农户已发生明显分化，耕地生产经营依然以传统的小农户分散经营为主。

表4-1　农户经营耕地情况

经营面积（亩）	农户户数（户）	农户占比（%）	累计百分比（%）
0	165	26.79	26.79
（0，2.78]	249	40.42	67.21
（2.78，5]	157	25.49	92.70
（5，Max）	45	7.31	100.00

二、显性耕地撂荒整体情况

具体到显性耕地撂荒现象，从撂荒户与撂荒面积两个层面测度的撂荒率分别达到36.69%和17.50%（见表4-2），高于全国山区县14.32%的平均撂荒率（李升发等，2017）。为进一步分析不同类型农户的撂荒差异，本书以0亩和户均实际经营耕地面积2.78亩为分界点，将样本农户划分为非农户（0亩）、小农户（≤2.78亩）和规模农户（>2.78亩）三类。从农户类型看，非农户、小农户、规模农户中均有超过1/3农户撂荒，其撂荒户占比均达到36%以上，说明耕地撂荒在研究区是较为普遍的耕地处置行为；三类农户的耕地撂荒面积占比分别为29.76%、20.37%、9.46%，随着农户耕地规模增加，农户的耕地撂荒率呈现递减趋势（见表4-3）。从撂荒农户的撂荒规模看，撂荒规模在0~1亩的农户占比最大，共75户，占比达33.19%，撂荒规模超过户均承包地面积3.48亩的农户有23户，占比为10.18%，随着农户撂荒规模增加，撂荒农户数量及其占比呈现递减趋势；将家庭承包地全部撂荒的农户有30户，占撂荒农户总数的13.27%（见表4-4）。

表4-2　研究区整体耕地撂荒情况

样本耕地面积（亩）	样本农户（户）	撂荒面积（亩）	撂荒农户（户）	撂荒率（%）	
				撂荒户比	面积比
2145.97	616	375.50	226	36.69	17.50

表4-3　不同类型农户撂荒情况

农户类型	户数（户）	占比（%）	撂荒户数（户）	撂荒面积（亩）	撂荒率（%）		户均耕地面积（亩）
					面积比	撂荒户比	
非农户	165	26.79	61	146.97	29.76	36.97	2.99
小农户	249	40.42	92	134.91	20.37	36.95	2.66
规模农户	202	32.79	73	93.62	9.46	36.14	4.90

表4-4　撂荒户撂荒规模

撂荒规模（亩）	农户户数（户）	农户占比（%）
(0，1)	75	33.19
[1，2)	70	30.97
[2，3.48)	58	25.66
[3.48，Max)	23	10.18
全部承包地	30	13.27

三、显性撂荒耕地及可能转化地类比较分析

为便于识别撂荒耕地与其可能转化用途地类（包括经营、转入、转出）的特征，将农户撂荒耕地与经营耕地、转入耕地及转出耕地特征进行比较。在研究区616户样本农户中，农户户均经营耕地2.03亩、撂荒耕地0.61亩、转入耕地2.39亩、转出耕地0.87亩，分别占农户承包地面积的58.33%、17.53%、68.68%、25.00%。四类地块平均地块面积分别为0.51亩/块、0.36亩/块、1.28亩/块、0.49亩/块，可见面积小、细碎化程度高的耕地被撂荒概率大（见表4-5）。从区位看，撂荒耕地的通勤距离与通勤时间均是四类地中最远和最长的，分别为1.68千米、25.40分钟（见表4-6）。由此可见，撂荒耕地区位条件较差，在耕地流转市场中缺乏竞争力。

表4-5　农户各类耕地情况

耕地类型	户均面积（亩）	户均数量（块）	户均地块面积（亩/块）	平均占承包地比例（%）
经营耕地	2.03	3.95	0.51	58.33
撂荒耕地	0.61	1.70	0.36	17.53
转入耕地	2.39	1.87	1.28	68.68
转出耕地	0.87	1.77	0.49	25.00

注：农户承包地包括经营耕地、撂荒耕地、转出耕地。经营耕地指农户经营的自有承包地，不含农户转入或转出的耕地。表中撂荒耕地指显性撂荒耕地。转入、转出耕地统计范围限于具有土地流转行为的农户。

表4-6　各类耕地通勤距离与通勤时间

区位	经营耕地	撂荒耕地	转入耕地	转出耕地
平均通勤距离（千米）	0.75	1.68	1.35	1.01
平均通勤时间（分钟）	12.32	25.40	12.15	16.23

接下来对农户经营耕地、撂荒耕地、转入耕地、转出耕地面积占承包地比例随通勤距离和通勤时间变化呈现的特征进行分析。由表4-7和表4-8可见，经营耕地占比与转出耕地占比随着通勤时间和通勤距离的增加呈现出明显的递减趋势，转入耕地占比随着通勤时间增加整体呈现下降趋势。这反映出，与通勤距离相比，农户耕地利用方式随着通勤时间变化呈现的差异特征更加明显。撂荒耕地占比并没有随着通勤时间、通勤距离的增加呈现规律性变化，说明除通勤时间和距离外，耕地撂荒可能还受到地力、农户特征等其他因素的影响。

表4-7　各类耕地面积占承包地面积比重随通勤距离的变化

通勤距离（千米）	经营耕地面积占比（%）	撂荒耕地面积占比（%）	转入耕地面积占比（%）	转出耕地面积占比（%）
(0, 0.5]	29.93	3.07	16.93	10.66
(0.5, 1]	20.22	5.35	17.30	8.02
(1, 2]	7.00	3.99	10.08	4.01
(2, Max)	1.05	5.09	24.28	2.36

表4-8　各类耕地面积占承包地面积比重随通勤时间的变化

通勤时间（分钟）	经营耕地面积占比（%）	撂荒耕地面积占比（%）	转入耕地面积占比（%）	转出耕地面积占比（%）
(0, 10]	34.00	3.96	34.42	11.67
(10, 30]	24.00	8.80	15.48	10.66
(30, 60]	0.40	3.79	18.69	2.34
(60, Max)	0.00	0.91	0.00	0.37

在耕作条件方面，从土地类型占比看，四类耕地均以水田为主，并且水田在撂荒耕地中占比最低（71.11%）、旱地在撂荒耕地中占比最高（28.89%），可以推断旱地撂荒的概率大于水田撂荒的概率（见图4-1）。根据土地质量优劣将耕地分为"好""中""差"三个等级，由图4-2可见，经营耕地、撂荒耕地、

转入耕地与转出耕地均有不同比例的好地、中等地和差地,但撂荒耕地中,差地所占比例在四类耕地中最高,达到48.23%,好地所占比例最低,仅占12.83%,可见耕地质量等级越高,被撂荒的概率越低。将耕地灌溉条件分为"好""中""差"三个等级,由图4-3可见,撂荒耕地中,灌溉条件好的耕地所占比例在四类耕地中最低,为35.43%,但灌溉条件差的耕地占比却在转入耕地中占比最高,达到44.26%,可见撂荒耕地随着灌溉条件的变化特征不如土地类型和土地质量明显。将野生动物破坏程度分为"没有""比较不严重""一般""比较严重""严重"五个等级,由图4-4可见,没有野生动物破坏的耕地占比、野生动物破坏程度比较不严重耕地占比在撂荒耕地中比例较低,分别为18.1%和6.33%,而有严重野生动物破坏的耕地占比、野生动物破坏程度比较严重的耕地占比在撂荒耕地中占比较高,分别达到28.96%和35.75%,说明耕地撂荒行为与野生动物破坏程度存在相关性。

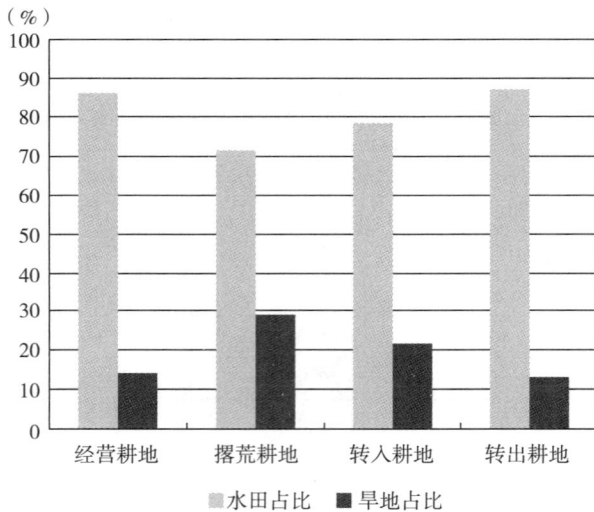

图4-1 不同用途耕地的土地类型占比

（%）

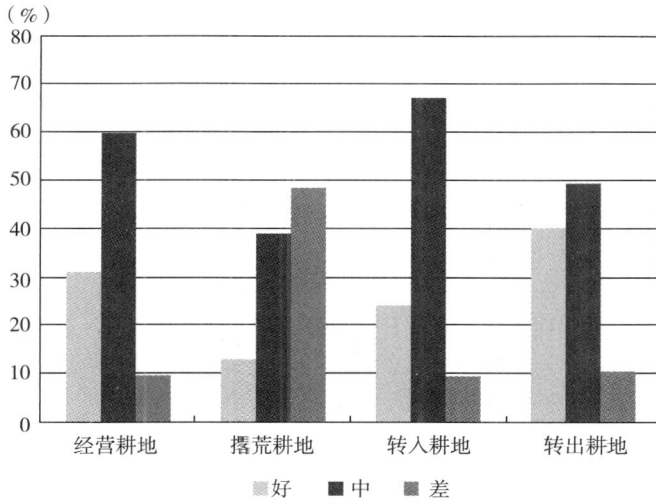

图 4 - 2 不同用途耕地的土地质量等级占比

（%）

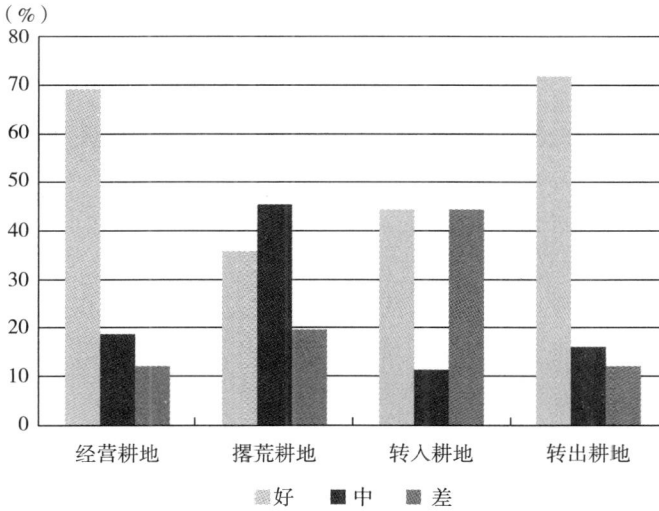

图 4 - 3 不同用途耕地的灌溉条件等级占比

（%）

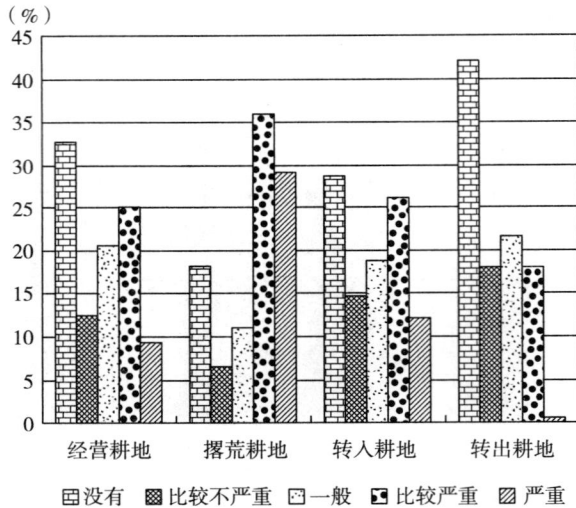

图 4 - 4　不同用途耕地的野生动物破坏程度占比

第二节　赣南丘陵山区隐性耕地撂荒现象诊断

根据本书对隐性耕地撂荒的定义及表现形态，从播种面积、复种指数、耕地面积、集约利用特征、产出及收益状况等对其进行诊断，同时结合同期农资价格变化趋势、农业劳动力价格变化趋势等对隐性撂荒特征进行比较分析，初步探讨农户隐性耕地撂荒行为动机，为后文的实证研究提供依据。与显性撂荒相比，隐性撂荒具有一定的隐蔽性，难以从短期观测中得到较为精确的结果，因此本书运用政府报告、统计年鉴等连续时间序列宏观统计数据对赣南丘陵山区耕地利用变化情况进行描述，进而诊断 1998～2017 年隐性耕地撂荒现象。

一、播种面积及复种指数变化趋势

本节历年农作物播种面积、粮食作物播种面积占比、经济及其他农作物播种面积占比数据来源于《赣州统计年鉴（2018）》。1998～2009 年赣州市耕地面积数据来源于中国经济与社会发展统计数据库；2010～2014 年赣州市耕地面积因在统计年鉴等公开资料中未公布，由《赣州统计年鉴（2016）》公布的当年农作物播种面积除以耕地复种指数得出；2015 年耕地面积数据来源于《赣州市人民政府办公厅关于调整赣州市各县（市、区）土地利用总体规划（2006—2020 年）主要规划指标的通知》；2016 年、2017 年耕地面积数据来源于赣州市人民政府网站①。1998～2015 年复种指数数据来源于《赣州统计年鉴（2016）》，2016～2017 年复种指数数据未在统计年鉴中公布，由当年农作物播种面积除以当年耕地面积计算得出。具体计算如下：

复种指数 = 全年农作物播种面积 ÷ 耕地总面积 × 100%

赣南丘陵山区耕地面积在 1998～2017 年间整体上呈波动上升趋势，其中 2005 年跌至最低值 292919 公顷，之后于 2009 年、2015 年分别达到耕地面积增长的两个小高峰，其在 2015 年突破 43 万公顷，并稳定至 2017 年。赣南丘陵山区复种指数在 1998～2017 年经历了"缓慢下降（1998～2001 年）—曲折波动（2001～2008 年）—缓慢回升（2008～2014 年）—急剧下降（2014～2015 年）—缓慢上升（2015～2017 年）"几个阶段，整体上处于波动下降状态。尽管 1998～2014 年耕地复种指数波动较大，但整体保持在 240% 以上水平，从 2014 年开始，赣南丘陵山区耕地复种指数呈现急剧下降趋势，分别降至 2015 年的 175.83%、2016 年的 177.56%、2017 年的 177.96% 水平，降幅高达 70% 以

---

① 参见 http：//www. ganzhou. gov. cn/c101854/2016 - 08/29/content_ 8cdad051e09448b1984961a33bd6995c. shtml。

上，反映出研究区近年来呈现较为显著的隐性耕地撂荒现象（见图 4 - 5）。

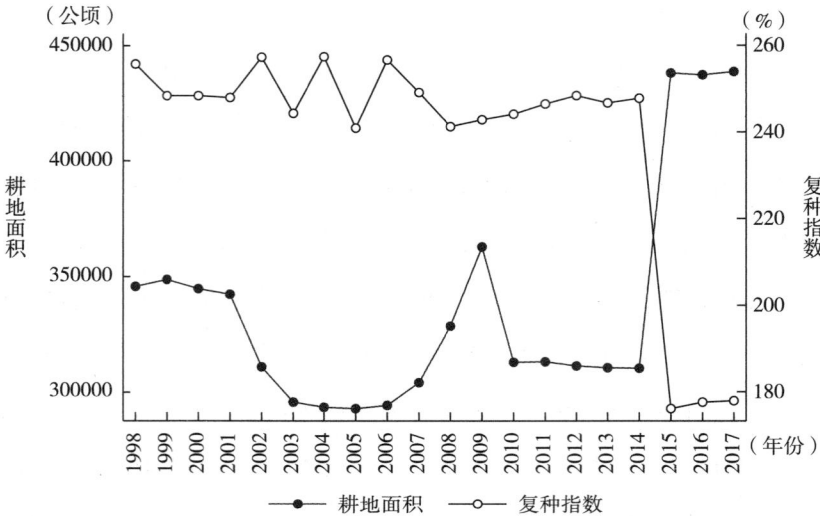

图 4 - 5　耕地面积与农作物复种指数变化趋势

受粮食价格低迷、"非典"疫情等因素影响，如图 4 - 6 所示，农作物总播种面积、粮食作物、经济及其他农作物播种面积在 2003 年前后陷入低谷，尽管之后有所回升，但 1998～2017 年整体上呈现下降趋势，其中农作物总播种面积从 1998 年的 884446 公顷下降至 2017 年的 780675 公顷，粮食作物播种面积从 1998 年的 537255 公顷下降至 2017 年的 515264 公顷，经济及其他农作物播种面积从 1998 年的 347191 公顷下降至 2017 年的 265411 公顷，分别比期初减少了 103771 公顷、21991 公顷、81780 公顷。结合赣南丘陵山区耕地总面积在 1998～2017 年间整体上升的变化趋势可知，赣南丘陵山区播种面积减少的主要原因是复种指数降低，这与图 4 - 5 复种指数下降趋势相吻合。

尽管从 2015 年开始，研究区耕地面积大幅增加，但其复种指数却在同期大幅降低，播种面积也并未因耕地面积的增加而获得相应提升，反而呈下降趋势，这说明 2015～2017 年三年间研究区新增耕地并未得到充分利用,"双改单"等复种指数降低现象的普遍存在,才会导致耕地面积增加、播种面积反而减少的现象。

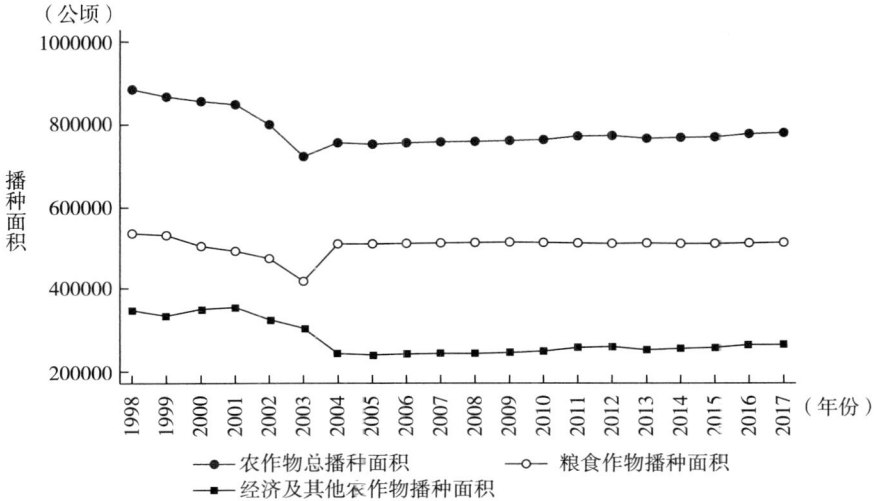

图 4-6 农作物播种面积变化趋势

二、耕地收益变化趋势

本书从耕地的实物产出与货币收益两方面对耕地收益变化趋势进行分析,其中实物产出从粮食产量与农作物种植结构两方面进行考察;考虑到耕地生产经营中土地、资本、劳动力三个基本生产要素,耕地货币收益从单位耕地净利润、耕地成本利润率、劳均净收益三方面进行考察。

本节实物产出统计涉及的历年粮食产量、人口、农作物种植结构等数据来源于《赣州统计年鉴(2018)》;货币收益核算涉及的每亩水稻净利润、成本利润率、用工数量等数据来源于《全国农产品成本收益资料汇编》（1999～2018），由于地市级层面数据有关数据缺失，本节使用江西省有关数据代替。其中，劳均净收益计算过程如下。

劳均净收益 = 每亩净利润 ÷ 每亩用工数量

为消除统计数据中不同时期通货膨胀与价格变动的影响，本书运用价格指数对历年的农业收益数据进行平减，得到以 1998 年为基期的实际价格。第一步，以 1998 年为基准年，根据历年农业生产资料价格指数与农产品收购价格指数，计算各年相对于 1998 年的总价格指数（D）；第二步，用各年相应总价格指数分别对相关数据进行转换处理，算法如式（4-1）所示。

$$M = \frac{N}{D} \tag{4-1}$$

上式中，D 为总价格指数，N 为转换前的数据，M 为转换后的数据。

1. 耕地实物产出变化

赣南丘陵山区粮食总产量从 1998 年的 266.2 万吨上升至 2017 年的 291.03 万吨，总体上呈现波动上升趋势，但粮食总产量增幅大幅低于耕地面积增幅。人均粮食产量从 1998 年的 344.21 千克/人下降至 2017 年的 298.72 千克/人，减少了 45.49 千克/人，整体上呈现较为显著的下降趋势。结合研究区耕地复种指数和播种面积下降的现象，可知研究区近年的粮食产量未达到耕地潜在生产能力，也低于由于人口快速增长导致的潜在人均粮食需求，耕地的产能有待进一步挖掘（见图 4-7）。

在种植结构方面，粮食作物占农作物总播种面积的比重从 1998 的 60.74% 上升至 2017 年的 66.00%，整体上呈现上升趋势；而经济及其他农作物占农作物总播种面积的比重由 1998 年的 39.26% 下降至 2017 年的 34%，整体呈现下降趋势。两者种植比例在 2004 年发生显著变化，粮食作物播种面积比例上升，而经济及其他作物播种面积比例大幅下降，这与政府推行的农业税费减免政策和粮食补贴政策有关。这些政策在稳定粮食价格和耕地生产中发挥了积极作用（见图4-8）。

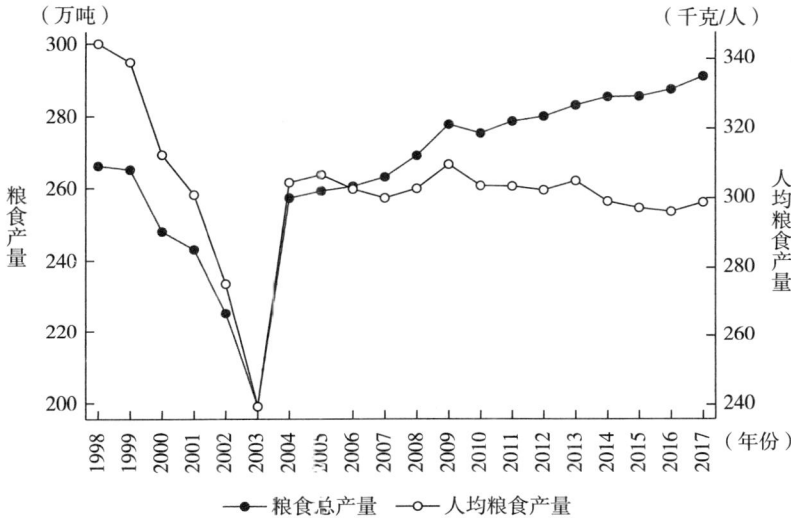

图 4-7　粮食产量变化趋势

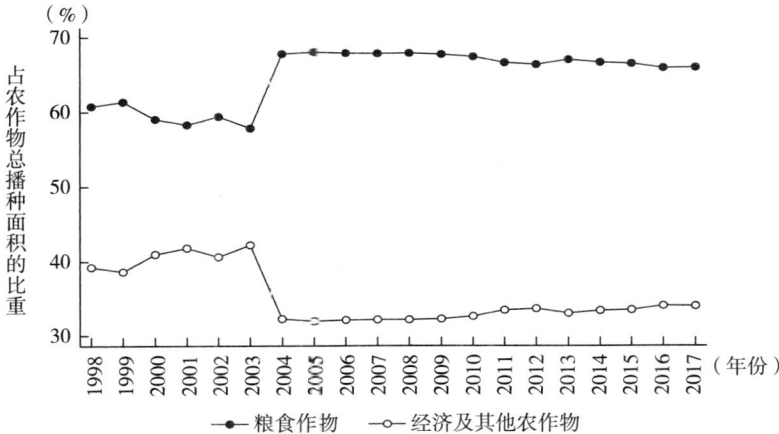

图 4-8　农作物种植结构变化

但结合图 4 - 6 农作物播种面积变化趋势可以发现，尽管 1998～2017 年粮食作物占农作物总播种面积的比重呈现上升趋势，但播种面积总量却减少了 21991 公顷，经济及其他粮食作物播种面积减少了 81780 公顷，这说明粮食播种面积的比重上升主要是由于经济及其他作物种植面积减少规模大于粮食作物播种面积减少规模所致，可见国家惠农政策对于农户加入耕地生产经营的激励效果有限。这一方面是由于粮食补贴力度太小，对农户家庭整体收益影响不大，另一方面是操作过程中粮食直补实际是根据农户承包地面积发放的，由于监管不到位，粮食直补政策在执行过程中变成了基于农民身份给予的补贴，而不是对经济活动的补贴，无法起到激励耕地生产的作用（金星，2013）。

2. 耕地货币收益变化

从利润水平看，晚稻每亩净利润整体上高于早稻每亩净利润。从利润变化趋势看，研究区早稻每亩净利润由 1998 年的 30.98 元上涨至 2017 年的 54.49 元，总体上呈现波动上升趋势，似乎并不符合隐性耕地撂荒特征；而晚稻每亩净利润由 1998 年的 137.628 元下降至 2017 年的 133.08 元，总体上呈现波动下降趋势，呈现出一定隐性耕地撂荒特征。然而，尽管早稻期末每亩净收益较期初上涨了 23.51 元，但仍旧低于 1998～2017 年早稻平均每亩净利润 66.00 元，说明研究区具有阶段性隐性耕地撂荒特征（见图 4 - 9）。

从利润率水平看，晚稻的成本利润率高于早稻成本利润率。其中早稻成本利润率从 1998 年的 9.28% 上升至 2017 年的 11.31%，总体上呈现缓慢波动上升趋势；而晚稻成本利润率则从 1998 年的 43.79% 下降至 2017 年的 26.74%，总体上呈现波动下降趋势，具有较为明显的隐性耕地撂荒特征。然而，早稻 2017 年 11.31% 的成本利润率水平低于 1998～2017 年早稻平均成本利润率水平 16.03%，说明早稻具有阶段性隐性撂荒特征（见图 4 - 10）。

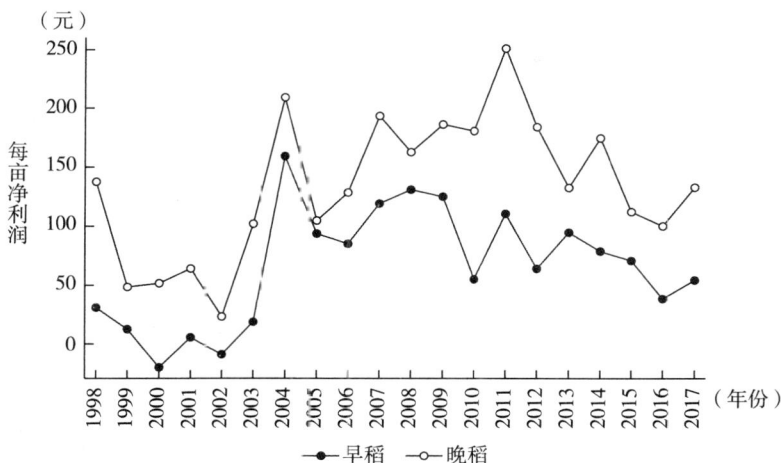

图 4 - 9 单位耕地净利润变化趋势

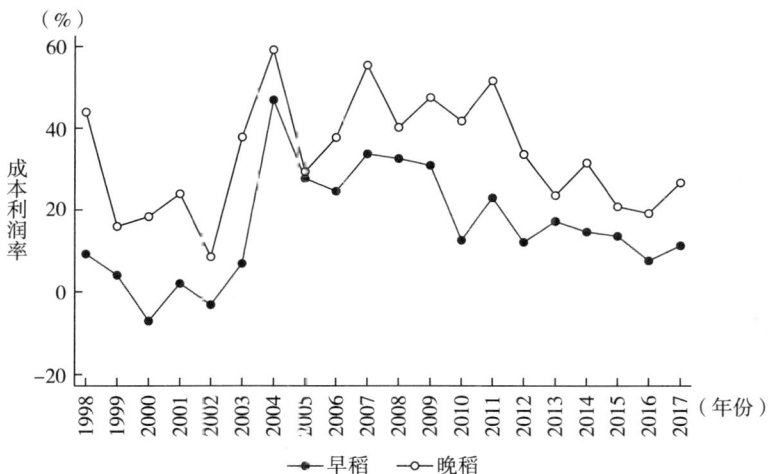

图 4 - 10 耕地成本利润率变化趋势

从劳均净收益看，早稻的劳均净收益由 1998 年的 2.1 元/工上升至 2017 年的 12.94 元/工，晚稻的劳均净收益由 1998 年的 9.56 元/工上升至 2017 年的 31.02 元/工，分别上涨了 10.84 元/工和 21.46 元/工，总体上呈上升趋势，且晚稻的劳均净收益高于早稻劳均净收益（见图4-11）。

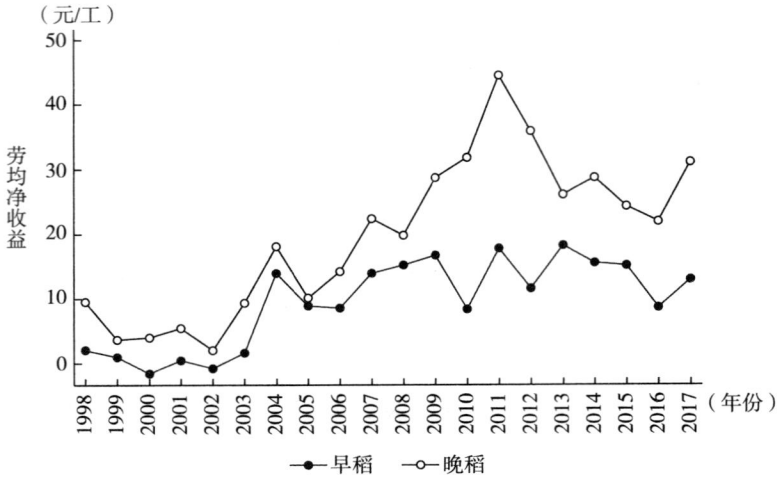

图4-11 耕地劳均净收益变化趋势

3. 务农机会成本分析

上述从会计成本核算的耕地收益似乎无法完全体现隐性耕地撂荒特征，这是因为在存在农业劳动机会成本的情况下，衡量私人农业生产成本时，应使用机会成本，而不是会计成本（金星，2013），才能反映真实的耕地利用情况。务农机会成本是农户从事非农职业可获得的最高收益。本书结合实地调研数据中616户样本农户性别、年龄、务工时间、务工工资等数据，分别计算不同年龄段农户务农机会成本。计算过程如式（4-2）所示。

$$OC = O \times W = \frac{1}{L} \times W \qquad\qquad (4-2)$$

式中，OC为务农机会成本；O为非农务工机会，用各群体样本非农务工人数1与劳动力总数量L的比值来测度；W为不同年龄段农户非农务工的平均工资。16 岁以上农村人口非农就业情况①及务农机会成本见表 4－9。

表4－9 农户非农就业情况及务农机会成本

年龄（岁）	总样本量（人）	务工人数（人）	性别（人数）	务工占比（%）	平均务工时间（日/年）	平均务工工资（元/日）	务农机会成本(元/日)
16～22	264	260	男（171）	98.48	303	94.47	93.04
			女（89）		273	104.43	102.85
23～35	373	360	男（202）	96.51	305	152.13	146.83
			女（158）		289	111.50	107.61
36～50	394	390	男（228）	98.98	277	144.83	143.36
			女（162）		267	113.77	112.61
51～65	654	252	男（165）	38.53	245	134.47	67.23
			女（86）		248	69.63	26.83
>65	528	21	男（14）	3.98	179	37.80	1.38
			女（7）		175	21.00	0.84

由表 4－9 可见，务农机会成本最高的为 23～35 岁农村男性劳动力，达到 146.83 元/日；其次为 36～50 岁的农村男性劳动力，为 143.36 元/日。务农机会成本较低的为 51～65 岁农村劳动力，男性和女性分别为 67.23 元/日和 26.83 元/日，而 65 岁以上农村人口务农机会成本则接近于 0。将各年龄段农业劳动力与 83.1 元/日的水稻生产劳动日工价进行对比发现，16～50 岁农业劳动力务农机会成本均高于水稻生产劳动日工价。可见，在考虑务农机会成本的情况下，农业生产经营无利可图，15～60 岁劳动力弃耕务工是理智选择。这也为表 4－9 中 96% 以上的 16～50 岁农村劳动力弃耕务农和农业老龄化现象提供了解释。

此外，根据实地调研情况发现，由于务工收入成为大多数农户的主要收入来源，大多数农户在家庭劳动力分配时优先将优质青壮年劳动力配置于务工，而务农机会成本较低的老年劳动力或家庭优质劳动力在务工之余的富余时间才被配置

---

① 本书统计的农村务工劳动力包括边务工边务农的农村劳动力。

于务农。此时，农户务农的目的也发生变化，由过去的获取农业利润转变为满足自用消费，并在无人耕种的土地上衍生出农村亲朋好友间零地租代耕、捡种现象。在616户样本农户中，通过代耕、捡种等自发流转耕种的土地耕地面积达到总流转面积的63.16%。耕地利润期望值和耕地获取成本的降低导致农户缺乏精耕细作的动力，在耕地生产要素相对价格变化的影响下，倾向于增加省工型农药、化肥等生产要素投入，并逐渐降低对耕地的劳动力投入，导致耕地复种指数降低。尽管农村社区间的自发捡种、代耕现象对"明荒"起到一定遏制作用，但却导致耕地粗放经营、复种指数降低等"暗荒"现象的蔓延，对于耕地可持续发展而言，此类缺乏市场竞争机制的农户间零地租土地流转并非长久之计。因此，在农村劳动力优先配置于非农产业，农村农业劳动力弱质化严重的情况下，引入市场机制、规范农村土地流转市场，让耕地集中在种植大户手中，培育职业农民及新型农业经营主体，促进农业规模化经营是破解耕地撂荒的有效途径。

三、耕地集约利用程度变化趋势

耕地集约利用是在科技进步的前提下，在单位面积的土地上投放物化劳动和活劳动，以提高单位土地面积产品产量和负荷能力的经营方式（马克伟，1991）。土地集约度可以用在单位面积土地上投放的劳动力、资本和技术来衡量。基于此，本书拟从单位面积土地上的实物形态投入和价值形态投入两方面对赣南丘陵山区耕地集约利用程度进行刻画。

本节实物形态投入核算涉及的农用化肥、农用塑料薄膜、农药、农用机械投入、第一产业从业人员等数据来源于EPS数据平台江西县市统计数据库；本节价值形态投入核算所涉及的耕地生产成本、劳动日工价、物质与服务费用、水稻生产成本利润率等数据来源于《全国农产品成本收益资料汇编》（1999~2018），采用江西平均数值。为剔除价格波动与通货膨胀的影响，引入价格指数对历年人工成本、物质与服务费用等数据进行平减处理，方法同本章第二节，本节不再赘述。

以实物形态投入衡量的耕地集约利用程度用单位耕地上的实物投入总量表征，包括每亩耕地的化肥、农膜、农药、农机、劳动力投入。计算过程如下：

耕地集约利用程度 = 当年物质投入总量/耕地面积

以价值形态投入衡量的耕地集约利用程度采用德国农业经济学家 T. Brinkmann 提出的计算方法，其认为耕地利用集约度是指单位耕地在一定经营期间所消费的资本、工资与资本利息的货币额，如式（4-3）所示。

$$I = \frac{(A + K + Z)}{F} \qquad\qquad (4-3)$$

其中，I 为集约度，A 为劳动工资，K 为资本消费额，Z 为经营资本利息，F 为耕地经营面积。由于研究区的主要农作物如水稻，在一季的生长期较短，从播种到收益仅 4~5 个月，因此经营资本利息可忽略不计，本书仅以单位耕地的劳动工资与资本消费额之和来反映耕地利用的集约程度。

1. 以实物形态投入衡量的耕地集约利用度变化

除劳动力投入外，研究区单位耕地的农用化肥、农用塑料薄膜、农药、农用机械投入在 1998~2017 年间整体上均呈现波动上升趋势。由表 4-10 可见，期末单位耕地农用化肥、农用塑料薄膜、农药、农用机械投入较期初分别增长 3.57 千克/亩、1.20 千克/亩、0.57 千克/亩、0.27 千瓦/亩，但期末化肥、农药、农机实物投入集约度水平却低于 1998~2017 年平均水平，农膜投入也在部分年份呈现阶段性下降特征。特别是 2014 年以来，各项生产要素投入集约度均急剧降低。考虑到社会经济发展与农业技术进步等各项因素，可认为近年来研究区化肥、农膜、农药、农机投入集约度降低，呈现阶段性耕地撂荒特征（见图 4-12~图 4-15）。

表4-10　实物投入集约度比较

每亩投入量	期初 (1998)	期末 (2017)	平均	增量 (与期初相比)	增量 (与平均相比)
农用化肥（千克/亩）	31.38	34.95	42.29	3.57	-7.34
农膜（千克/亩）	0.96	2.16	2.08	1.20	0.08
农药（千克/亩）	1.66	2.23	2.65	0.57	-0.43
农机（千瓦/亩）	0.20	0.47	0.62	0.27	-0.15
劳动力（人/亩）	0.49	0.25	0.41	-0.24	-0.16

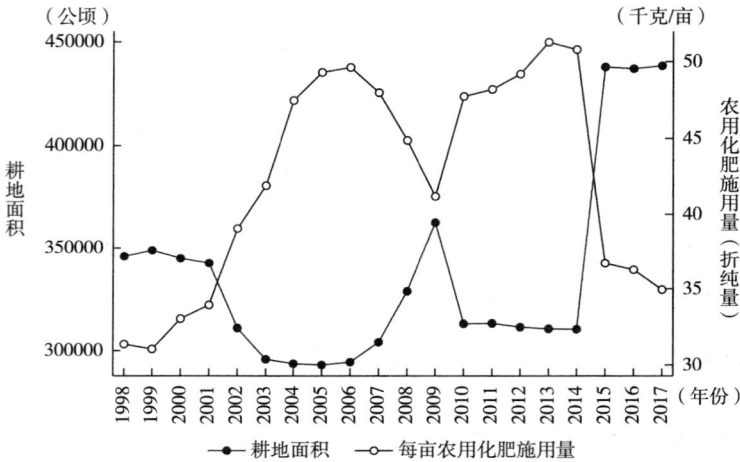

图4-12　农用化肥施用量变化趋势

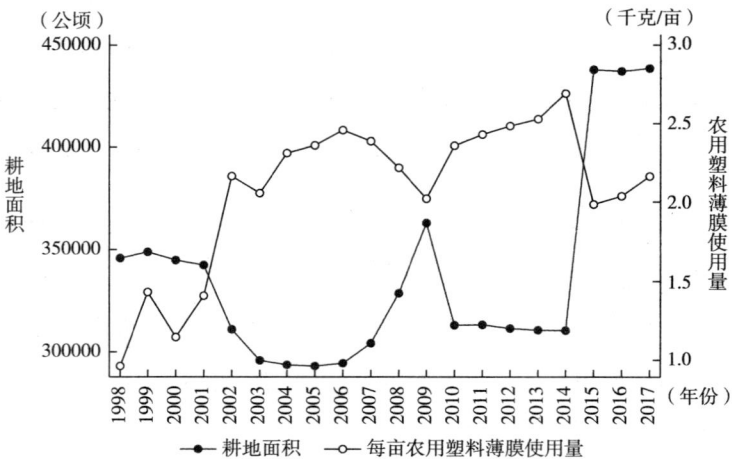

图4-13　农用塑料薄膜施用量变化趋势

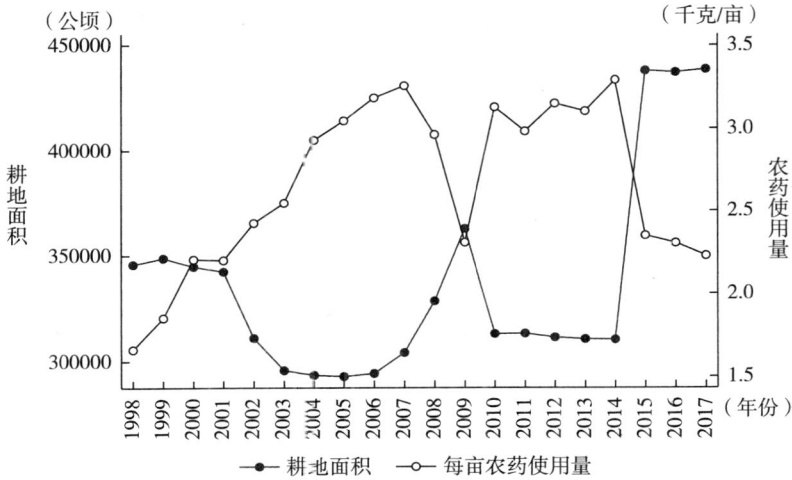

图 4 - 14　农药使用量变化趋势

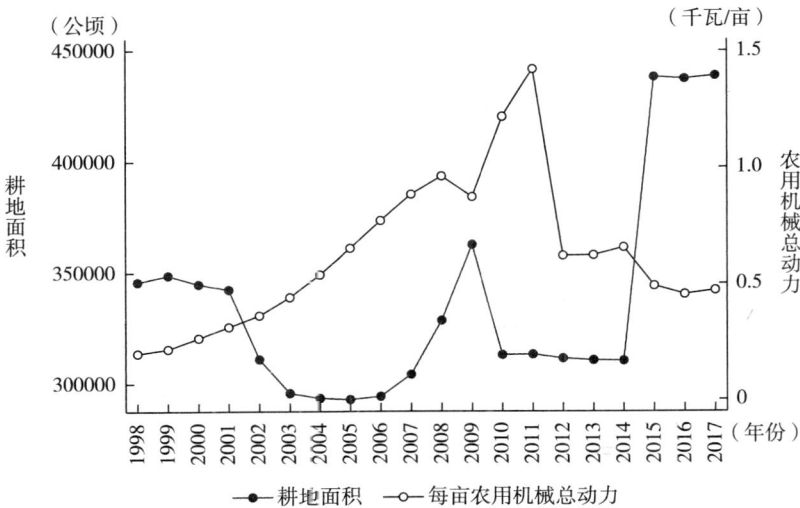

图 4 - 15　农用机械总动力变化趋势

本书运用第一产业从业人员数表示农业劳动力投入。由图 4 - 16 可见，1998 ~

2017 年间每亩农业劳动力投入呈现显著下降趋势，由 1998 年的 0.49 人/亩下降至 2017 年的 0.25 人/亩,亦低于研究期间内 0.41 人/亩的平均水平。可以发现,研究区 1998~2017 年间劳动力投入集约度显著下降,这固然与农业技术与社会经济进步降低了农业劳动力需求有关,但这也并不能排除农户有意识降低耕地劳动力投入的可能性。

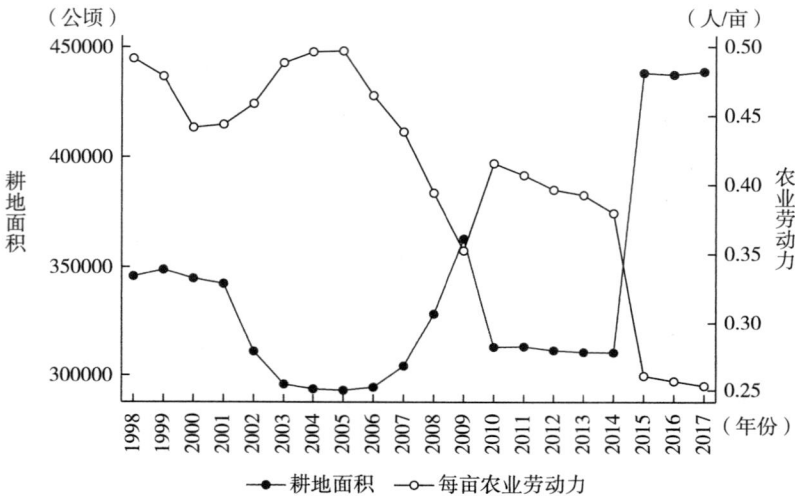

图 4-16 农业劳动力变化趋势

通过对农用化肥、农膜、农药、机械、劳动力每亩投入量在 1998~2017 年的整体变化趋势发现,除每亩劳动力投入水平在期末显著低于期初外,其他省工型生产要素每亩投入量(农用化肥、农膜、农药、机械)在研究期内均整体呈上升趋势。进一步将水稻生产每亩劳动日工价增长率、物质与服务费用增长率进行对比发现,劳动日工价增长率显著高于物质与服务费用增长率(见图 4-17 和图 4-18)。其中,早、晚稻劳动日工价均从 1998 年的 9.6 元/亩增长至 2017 年的 83.1 元/亩,增长率高达 765.63%;而水稻种植的物质与服务费用由 1998 年的 192.82 元/亩增长至 2017 年的 464.72 元/亩,增长率为 141.01%。可以发现,价格上升较慢的化肥、农机等耕地物质与服务投入增加，而日工价上升较快的劳动力投入则显著降低。由此推断，化肥等农资要素投入的增加本质上是对价格日益上升的农业劳动力投入的要素替代。根据速水佑次郎和弗农·拉坦（2000）的诱致性技术变迁理论，资源稀缺性变化所引起的要素相对价格变化会对技术变革产生诱致性作用，同时，微观生产主体会通过价格信号，借助市场机制实现廉价的相对丰裕要素对昂贵的稀缺要素的替代，并努力节约使用相对稀缺要素的技术（郑旭媛、徐志刚，2017）。劳动力成本上升促使农户使用化肥、机械等替代劳动，尤其是人工成本在耕地生产总成本所占比重较多的情况下。由图 4 – 19 可见，大部分年份人工投入占耕地总成本的 1/3 以上，部分年份甚至高达 40%。此时，降低价格上升迅速且占总投入比重较大的劳动力投入成为农户的理性选择。这为理解隐性耕地撂荒情形下化肥、农膜、农药、农机投入增加的现象提供了合理解释，尽管耕地生产的每亩农资及服务实物投入有所增加，但其本质是对价格日益上升的农业劳动力的替代，最终目的是降低耕地生产的总经济成本。

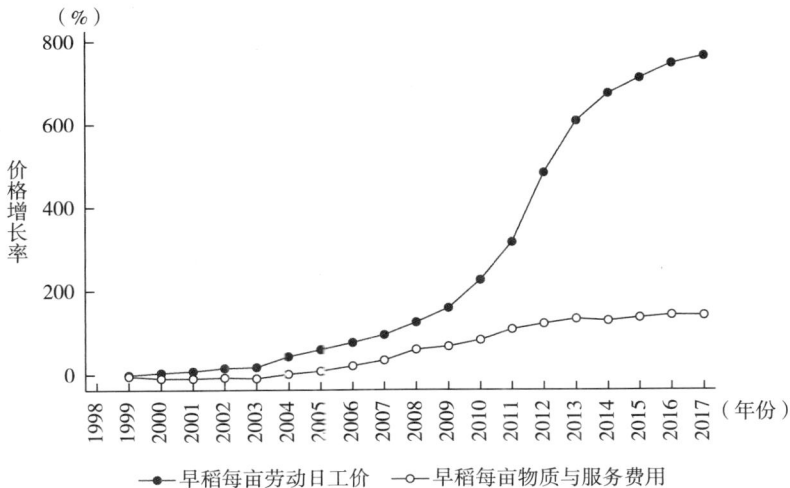

图 4 – 17 早稻每亩劳动日工价增长率和物质与服务费用增长率

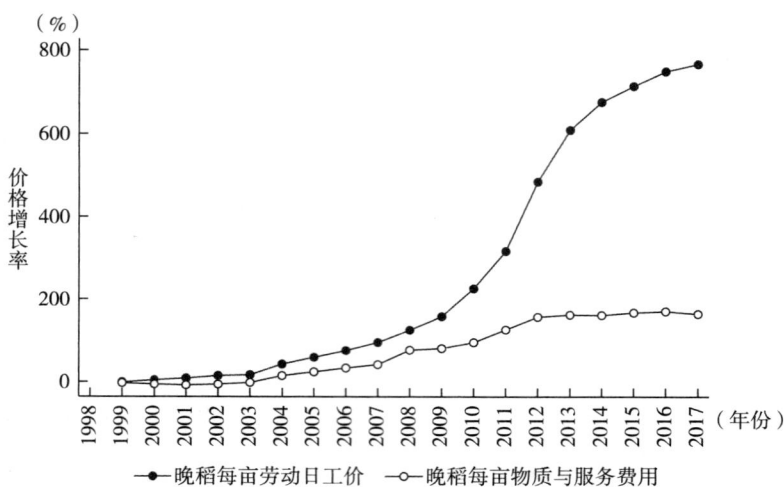

图 4 - 18　晚稻每亩劳动日工价增长率和物质与服务费用增长率

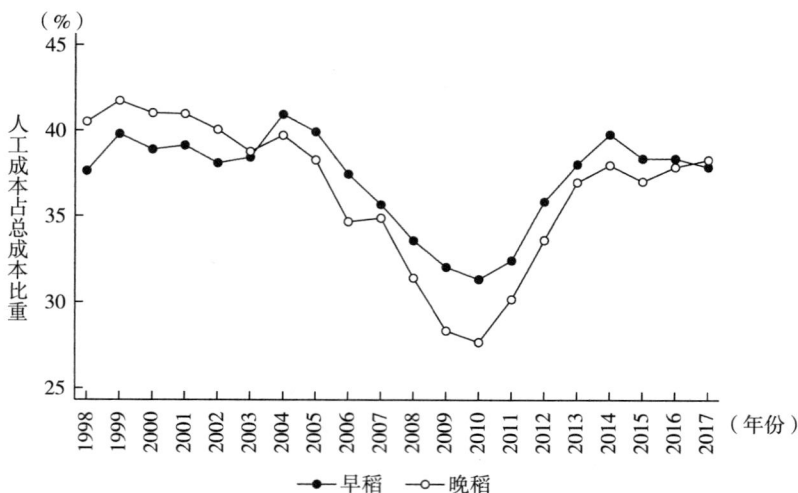

图 4 - 19　水稻人工成本占总成本比重

对比各耕地生产要素每亩投入量与研究区耕地面积变化趋势发现（见图 4 - 12 ~ 图 4 - 16），各生产要素实物投入集约度与耕地面积总体上呈负向关系。尤其是 2014 年以来，赣南丘陵山区耕地面积增长了 12 万余公顷，于 2015 年突破 43 万公顷的耕地面积总量，并在 2016 年、2017 年保持该水平。与此同时，耕地每亩化肥、农膜、农药、机械、劳动力投入却从 2014 年开始急剧下降，并在之后几年处于较低集约度水平。结合农作物播种面积并未因为耕地面积增加而增加，反而显著低于期初耕地面积较少时的播种面积的现象，这说明赣南丘陵山区耕地面积增加分摊了每亩耕地的实物投入，导致实物投入集约度下降，反映近年来研究区的耕地保护政策仅仅做到了"量"的增加，"质"的提升却相对滞后。在耕地面积增加同期（2015～2017 年）发生的耕地复种指数降低、播种面积降低、阶段性实物投入集约度下降现象，表明近年来赣南丘陵山区耕地未得到充分利用，存在显著的隐性耕地撂荒特征。

2. 以货币形式衡量的耕地集约利用度变化

以货币形式衡量的耕地集约利用度用每亩耕地投入的总成本来测量，包括按劳动工价折算的自投及雇佣人工成本，农资、农机等物质与服务成本，按土地租金折算的土地成本等。由图 4－20 和图 4－21 可见，早稻与晚稻的每亩总成本在 1998～2017 年间均经历了"缓慢下降（1998～2003 年）—波动上升（2003～2013 年）—持续下降（2013～2017 年）"阶段，但总体以货币形式衡量的耕地投入集约度在 1998～2017 呈上升状态，其中，早稻投入集约度由 1998 年的 387.53 元/亩上升至 2017 年的 481.87 元/亩，晚稻投入集约度由 1998 年的 364.89 元/亩上升至 2017 年的 497.62 元/亩，增长率分别为 24.34% 和 36.38%。仅从水稻生产的货币集约度变化趋势看，其仅在 1998～2001 年、2013～2017 年等时段持续下降，呈现阶段性隐性耕地撂荒特征。

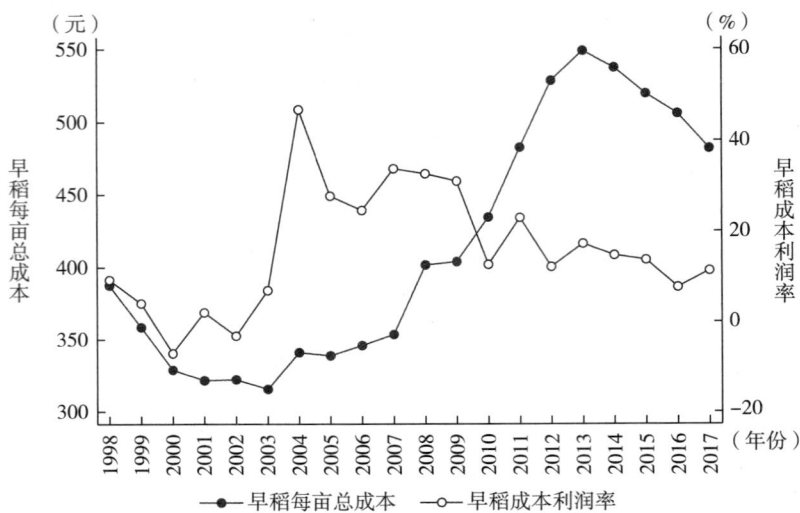

图 4-20　早稻货币集约度变化趋势

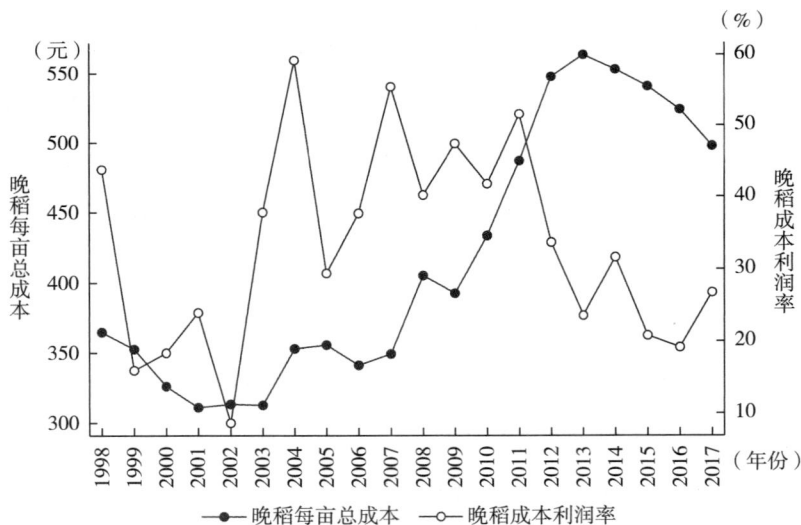

图 4-21　晚稻货币集约度变化趋势

比较水稻每亩总成本和成本利润率的变化趋势（见图 4 - 20 和图 4 - 21），可以看出两者总体上呈现负向关系。由此推测，研究区增加的货币投入集约度并未给耕地生产经营带来相应的利润提升，反而因为抬高了耕地的生产经营成本，导致耕地生产的成本利润率下降。

水稻总成本增长率与净利润率增长率的变化趋势（见图 4 - 22 和图 4 - 23）也佐证了这一推论。1998～2017 年间，总体上水稻生产的总成本增长率高于净利润增长率，对于晚稻来说尤其如此，且总成本、净利润增长率差距从 2011 年开始持续拉大。近年来水稻生产持续收窄的利润空间与增长缓慢甚至负增长的成本利润率，解释了为何 1998～2017 年每亩耕地货币投入增加，耕地播种面积反而下降的现象，究其原因，还是耕地生产经营成本高、利润低所致。

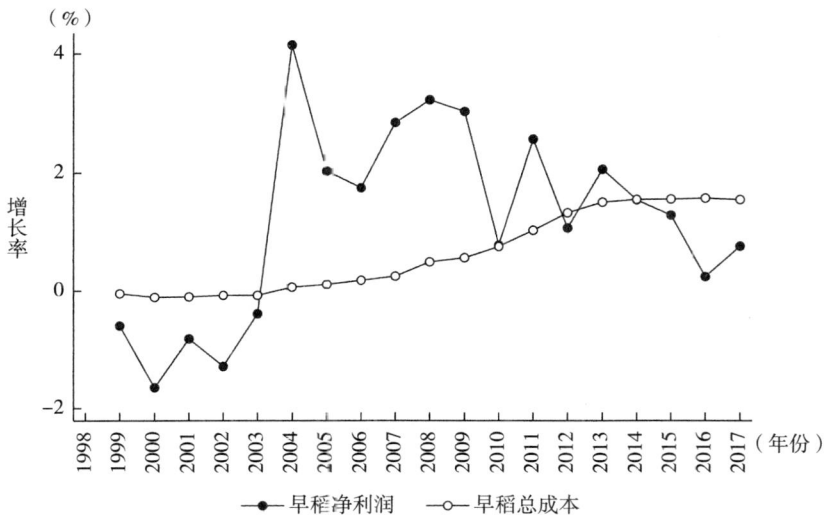

图 4 - 22　旦稻净利润、总成本增长率

（％）

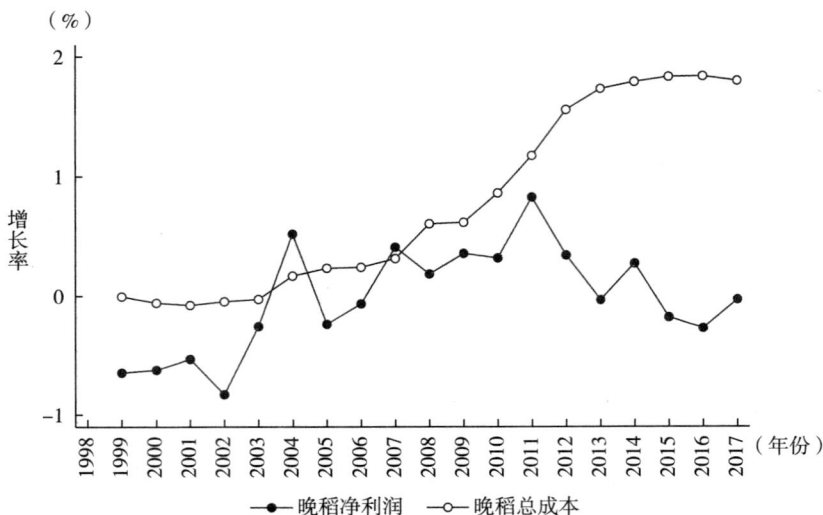

图 4 - 23　晚稻净利润、总成本增长率

第三节　本章小结

本章依据显性耕地撂荒、隐性耕地撂荒的定义和表现形态，运用农户调研数据、统计年鉴、政府报告等公开统计数据，结合农户个人特征、就业特征等分别对赣南丘陵山区显性耕地撂荒、隐性耕地撂荒进行诊断，主要结论如下：

第一，研究区从撂荒户与撂荒面积两个层面测度的撂荒率分别达到 36.69% 和 17.50%，高于全国山区县 14.32% 的平均撂荒率，存在较为严重的显性撂荒现象。其中，显性耕地撂荒现象多发生于耕地经营面积较小的农户中，且撂荒面积以 0~1 亩居多，撂荒农户数量随撂荒规模的增大而减少。从区位和耕作条件看，在显性撂荒耕地中，旱地、差地、灌溉条件不良、区位条件差及易受灾地块占比较大。

第二，研究区隐性耕地撂荒现象主要表现为耕地复种指数下降、农作物播种面积减少、劳动力投入降低、成本利润率下降等方面，并表现出耕地投入集约度、货币收益阶段性下降的现象。从种植结构看，粮食作物播种面积比重增加但是农作物总播种面积降低，说明粮食补贴政策仅起到稳定粮食生产的作用，但激励作用有限；从实物投入看，化肥、机械等省工型投入增加，劳动力投入持续减少，化肥、机械投入增加实际上起到对日益上升的劳动力价格的要素替代作用，最终目的是降低耕地生产的经济成本；从实物产出看，粮食总产出增幅低于耕地面积增幅，耕地人均实物产出下降，耕地仍存在较大的生产潜力；从货币收益看，耕地生产经营的成本利润率持续下降，尽管从会计成本衡量耕地生产存在利润，但考虑到务农机会成本，农作物播种面积与耕地劳动力投入近年来仍大幅下降。

第三，赣南丘陵山区新增耕地存在重数量、轻质量的现象。2015 年以来研究区耕地面积大幅增加，但是耕地集约度、复种指数明显下降，播种面积和耕地产出也未能实现相应增长，反映出研究区新增耕地管理工作中存在重数量、轻质量的现象，这与耕地质量评价标准和关注度的缺失有关。这不仅无益于耕地产能的实质提升，而且造成了更大规模的耕地浪费现象，因此将耕地利用质效纳入耕地评估工作中尤为重要。

第五章

丘陵山区农户耕地撂荒的计划行为理论逻辑分析框架

计划行为理论是社会心理学中关于个体行为生成的最重要的理论之一（闫岩，2014），提供了解释个体行为的具体分析模型和范式，是有限理性理论在行为学中的成功应用。计划行为理论认为行为意向直接决定行为响应，个体的行为意向受到行为认知，即行为态度、主观规范和知觉行为控制三个潜变量的影响，行为认知受到个体特征等外生变量的影响。该理论通过对外生变量、行为认知、行为意向、行为响应之间逻辑关系的研究，揭示了行为的产生机制和理由。由于农业决策和社会心理学之间的密切联系，众多农业经济学者和社会心理学者将计划行为理论运用到农业研究领域，并在实践中得到了很好的验证（Burton，2004）。农户耕地撂荒行为本质上是一种有计划的决策行为，因此本书在计划行为理论框架下构建农户耕地撂荒行为决策模型，在有限理性假设下开展农户耕地撂荒行为机理研究。

第一节　基于计划行为理论的农户耕地撂荒行为决策模型构建

计划行为理论关于行为形成的主要观点如下（Ajzen，1991）：

其一，在实际条件控制充分的情况下，行为由个体的行为意向决定；

其二，个体行为意向受到行为认知的三个潜变量即行为态度、主观规范、知觉行为控制的影响；

其三，行为态度、主观规范、知觉行为控制共同受到个人及社会文化等外生变量（如年龄、文化背景等）的影响，虽然它们从概念上可以完全区分开来，但是具有共同的信念基础，因此它们既彼此独立，又两两相关；

其四，个人、社会文化因素等外生变量通过影响行为态度、主观规范和知觉行为控制，最终影响行为意向和行为；

其五，准确的知觉行为控制反映了实际控制条件的状况，对行为响应具有直接效应，行为响应依赖于知觉行为控制的真实程度。

基于计划行为理论，农户耕地撂荒决策遵循"外生变量—认知判断—意向选择—行为响应"的影响路径，本书构建的农户耕地撂荒行为决策模型如图5－1所示。该模型由影响农户撂荒认知的外生变量、农户耕地撂荒认知、农户撂荒行为响应三个模块组成①。其中，影响农户撂荒认知的外生变量模块包括农户个体特征、就业特征和环境特征；农户耕地撂荒认知模块包括农户对于撂荒的行为态度、主观规范以及知觉行为控制三个方面，具体含义在后续章节将有详细介绍；

---

① 在实际控制条件充分的情况下，行为意向直接决定行为，因此图中将行为意愿合并到行为响应模块。

由于实际控制条件充分时，行为意向决定行为响应，因此农户撂荒行为响应由农户撂荒意向以及农户撂荒行为两部分组成。本章将依据此模型，在后文依次分析行为态度、主观规范、知觉行为控制对耕地撂荒意愿及行为的影响，以及影响行为态度、主观规范、知觉行为控制的外生变量通过农户认知对撂荒意愿和行为的影响。

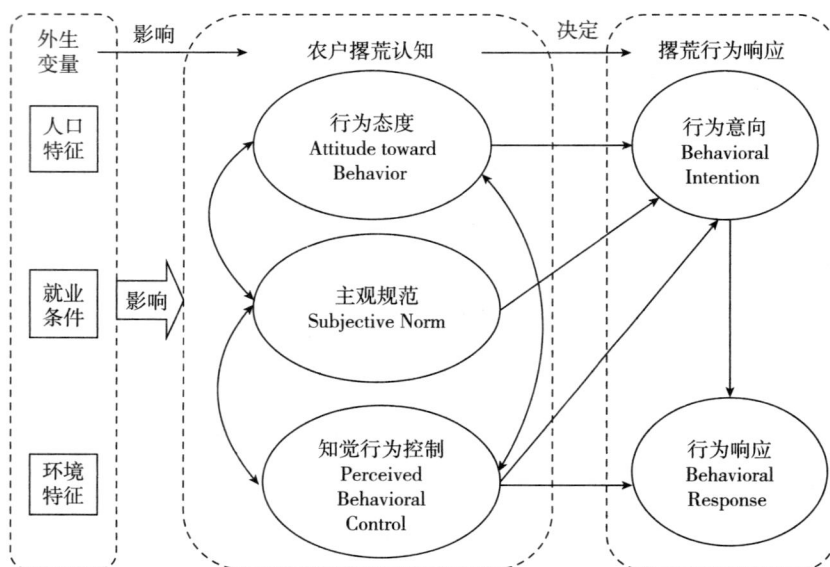

图 5 - 1　基于计划行为理论的农户耕地撂荒行为决策模型

第二节　行为态度对农户耕地撂荒行为的影响机理

　　行为态度（AB）是行为主体对执行某一行为积极或消极的态度。耕地及其上的农作物不仅能为农户提供实物和经济产出，还具有美化环境、清洁空气、保护土壤等生态功能（Gardner，1997）。耕地撂荒行为不仅直接影响农户个人农业收益和农村生态环境，还可能威胁国家粮食安全、影响农村经济发展，其对社会、经济的影响也不容忽视。此类无须由撂荒农户直接承担而是由社会成员共同承担的消极后果即农户耕地撂荒行为的"社会成本"，也可理解为耕地撂荒的"负外部性"。

现代经济学原理表明，外部性的存在会妨碍外部效应内部化的实现，导致行为主体的行为后果由其他主体承担，可能会造成积极的后果由没有任何投入的主体分享，而消极的后果由其他行为主体承担，无论是正外部性还是负外部性，最终将导致经济活动缺乏效率或资源配置偏离帕累托最优状态（杜肯堂、龚勤林，2006）。如果农户对耕地撂荒行为负外部性、社会成本的认知程度越深，则农户对耕地撂荒的态度会越消极，耕地撂荒意愿将减弱，耕地撂荒行为及规模将减少。

具体到本书中，赣南丘陵山区农户耕地撂荒行为的负外部性也将导致耕地资源配置失衡。在图 5-2 中，曲线 D 代表赣南丘陵山区整个社会对耕地的需求曲线，即边际社会收益曲线。MC 表示赣南丘陵山区耕地撂荒的边际成本，也即耕地供给曲线，MEC 是耕地撂荒对区域社会、经济、环境造成的损害即边际外部成本，MSC 曲线是赣南丘陵山区耕地撂荒的边际成本与边际外部成本之和，即边际社会成本，有 MSC = MC + MEC。

毫无疑问，农户将根据自己的边际成本撂荒耕地，即由 MC 与需求曲线决定的 Q 点；但从整个赣南丘陵山区来看，合理的耕地撂荒量应该是社会边际成本等于社会边际收益时的撂荒量，即 MSC 曲线与需求曲线 D 的交点决定的合理耕地撂荒量 Q_1。显然，由于耕地撂荒的负外部效应，赣南丘陵山区耕地撂荒的社会成本大于农户耕地撂荒的个人成本，农户基于个人利益考虑会撂荒过多耕地。

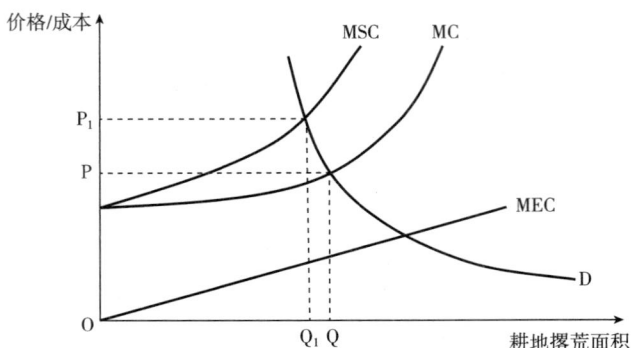

图 5-2 赣南丘陵山区耕地撂荒的负外部效应

与耕地撂荒行为相反，赣南丘陵山区的耕地种植可以增加粮食产量，促进耕地资源有效利用，保障国家粮食安全，对整个社会来讲是一件好事，具有正外部性。问题在于，由于耕地种植行为正外部性的存在，使得赣南丘陵山区农户耕地种植的动机不足。在图 5-3 中，MC 代表赣南丘陵山区耕地种植的边际成本，D 是其边际收益曲线，MEB 是耕地种植对社会所产生的边际外部收益。MSB 曲线代表农户耕地种植对整个社会的收益，有 MSB = D + MEB。农户将选择在其边际收益曲线 D 与边际成本曲线 MC 相交处种植 Q 面积的耕地。但对于整个社会来讲，有效的耕地种植面积应该是 MSB 曲线和 MC 曲线的交点所决定的 Q_1。显然，与社会对耕地的需求相比，耕地面积不足，即赣南丘陵山区耕地种植的正外部性会导致耕地种植面积太少和生态供给不足。

在耕地撂荒外部性造成耕地资源配置失衡的案例中，假定农户耕地撂荒的私人承包成本和社会成本分别为 C_P 和 C_S，由于耕地撂荒的负外部性，有 $C_P < C_S$。如果农户耕地撂荒的私人收益 V_P 大于其私人成本 C_P 而小于社会成本 C_S，即 $C_P < V_P < C_S$，则农户会撂荒耕地，尽管从社会看，耕地撂荒是不利的。显而易见，在这种情况下，帕累托最优状态①没有得到实现，但也存在帕累托改进的余

① 帕累托最优（Pareto Optimality），也称为帕累托效率（Pareto efficiency），是指资源分配的一种理想状态，假定固有的一群人和可分配的资源，从一种分配状态到另一种状态的变化中，在没有使任何人境况变坏的前提下，使得至少一个人变得更好。

地。如果农户不撂荒耕地，则农户放弃的利益即损失为（$V_P - C_P$），但社会整体由此而避免的损失为（$C_S - C_P$）。由于社会成本 C_S 大于农户私人收益 V_P，有（$C_S - C_P$）＞（$V_P - C_P$）。

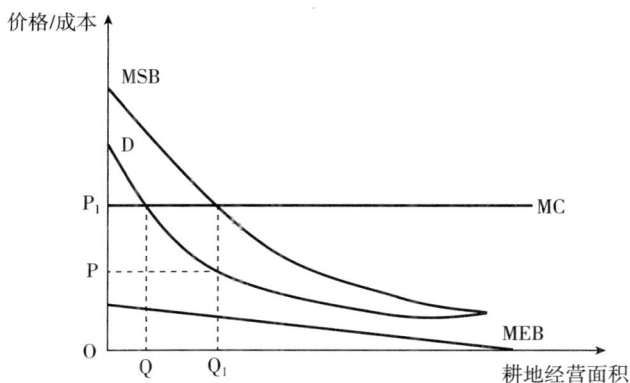

图 5 - 3　赣南丘陵山区耕地种植的正外部效应

　　农户对耕地撂荒行为的社会、经济、环境成本的认知有助于形成合理利用耕地的行为道德规范，对农户耕地撂荒行为起内在约束作用，避免耕地利用过程中的逆向选择行为，内化外部效应。然而，长期以来国家对农业、农村基础性公共事业投入不足，财政支出的非农倾向，以及教育背景、认知水平等的制约，造成了对耕地撂荒现象外部性的忽视，也没有形成对农户耕地撂荒负面影响的共识。本书运用农户对耕地撂荒的社会、经济、环境影响认知程度作为农户耕地撂荒认知中行为态度的观测变量，农户对耕地撂荒的负面影响认知程度越深，则农户对耕地撂荒行为的态度越消极，耕地撂荒意愿及行为发生概率就越低，图 5 - 2 中 Q 点将无限向合理耕地撂荒量 Q_1 点靠近。

第三节　主观规范对农户耕地撂荒行为的
影响机理

　　主观规范（SN）指外部社会压力对行为主体采取某项特定行为的影响。对于农户而言，农户行为在农村社区的利益相关者主要包括家庭成员、周围重要他人（本书中主要指村民）及基层政府（本书中主要指村委会）（陈扬，2019），因此农户生产生活行为受到的外部压力也主要来源于以上三方。农户耕地撂荒行为除对农户自身生产生活产生影响外，农村社区内以亲缘、地缘、业缘为基础的利益相关者也将受到农户耕地撂荒决策的影响。对于农户家人来说，出于食品安全及口粮自足的需求，农户家庭成员会对耕地撂荒进行干涉，以保障家庭对有机绿色食品及粮食自足的需求；对于村民来说，相邻地块撂荒使得其经营地块失去外界侵害的缓冲与保护屏障，会增加野兽侵扰、自然灾害的风险，因此农户对于自家耕地的周边地块撂荒行为态度消极，存在道义谴责；对于基层政府而言，其负有维护公共利益和粮食安全的使命，并在上级政府行政命令驱动下通过土地流转、补贴激励、规劝宣传等方式对撂荒进行干涉，以上措施将产生较大的协商或交易成本。此外，家人、村民也可能基于自身对耕地负面影响的认知对身边的耕地撂荒行为进行干涉，或将闲置耕地作为维系情感的纽带送给亲朋邻里耕种以避免撂荒。来自各利益相关者的外部压力对农户耕地撂荒行为产生负向激励，农户在家人、村民及政府的影响下做出符合外部期望的行为决策——增加耕地种植，以满足家人对健康绿色食品的期望、村民对良好耕作环境的期望及政府遏制撂荒的期望；与此同时，农户符合外部期望的行为决策缓解了因耕地撂荒行为导致的外部社会压力，并获得来自利益相关者的社会认同，农户自身幸福感、满足感得到提高，效用得到增强。

根据边际效用递减规律，效用曲线总体上是一条以递减的速率先上升、后下降的曲线，但农户对家人、村民、政府的压力响应给农户带来的社会认可效用却存在差异。假设：①所有耕地均具有相同的集约化经营程度；②存在劳动力市场，农户可自由雇入、雇出劳动力，这使得农户的务农机会成本可能高于务农收入而具有耕地撂荒动机；③农户家庭承包经营耕地足够满足家庭口粮需求；④农户耕地种植以自足为目的，粮食商品率水平较低。图 5-4 中，横轴代表农户耕地经营面积 Q，纵轴代表农户经营耕地获得社会认同带来的效用 U，曲线 $U_1(Q)$、$U_2(Q)$ 分别代表农户对家人、村民和基层政府撂荒压力响应带来的社会认同效用。其中，$U_1(Q)$ 是一条先以递减速率上升、后平行于横轴的曲线，其转折点为 A。对于农户家人而言，对于自家耕地撂荒的干涉压力主要源于满足家庭口粮需求，因此农户效用在耕地经营面积达到粮食自足水平后，继续增加耕地经营面积、满足家庭口粮需求引致的家庭成员认可效用并不会增加。设 Q_1 为耕地集约度一定时满足家庭口粮所需的耕地经营面积，对应的效用水平为 U_1'，Q_1 小于或等于农户家庭承包经营耕地面积 Q_2，则农户对家人压力响应效用在 U_1' 处达到最大值，农户对家人压力响应带来的社会认可效用区间 $U \in [0, U_1']$。对于村民而言，与其地块相邻的耕地被种植为该村民经营耕地提供了减少野兽侵扰、自然灾害等的缓冲屏障，农户由此获得来自村民的社会认同。由于农户耕地经营面积以家庭承包经营耕地面积为限，因此村民社会认同带来的农户效用在农户家庭承包经营耕地面积 Q_2 对应的效用值 U_2' 处达到最大，农户对村民压力响应带来的社会认可效用区间 $U \in [0, U_2']$。对于基层政府而言，农户耕地耕种行为减少了基层政府的撂荒管理成本，获得政府认可，由此给农户带来的认可效用也以农户家庭耕地承包经营面积 Q_2 对应的效用区间 U_2' 为上限，$U \in [0, U_2']$。由于社会认可效用的难以度量性，本书不对村民认可效用与基层政府认可效用的程度大小进行比较，其效用曲线均以 U_2 表示，如图 5-4 所示。

效用

U₂′ ----------------- U₂（Q）

A
U₁′ ---------- U₁（Q）

O   Q₁   Q₂   耕地面积

满足家庭口粮自足　　　家庭承包经营
需求的耕地面积　　　　耕地面积

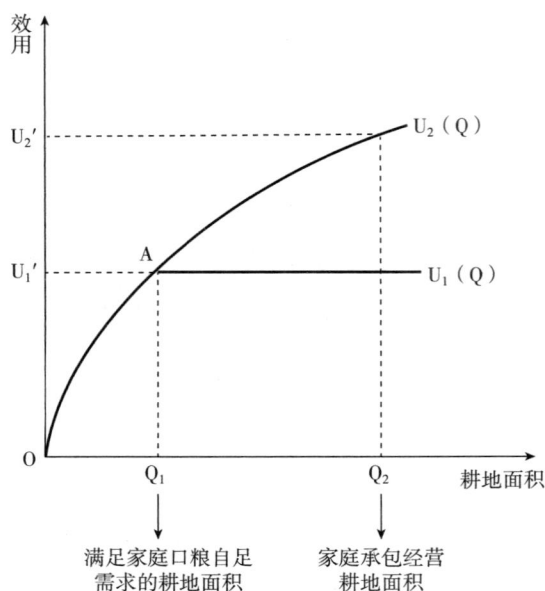

图5-4　农户对利益相关者撂荒压力响应的效用

第四节　知觉行为控制对农户耕地撂荒行为的
影响机理

知觉行为控制（PBC）指个体欲采取某一行为时所考虑的促进或阻碍执行这一行为的因素，或欲采取该行为时所感知到的实践难易程度。知觉行为控制是由控制信念和控制因素的知觉强度构成（陈怀中、刘霞，2008）。本书中控制因素的知觉强度主要指农户对于耕地是否具备良好种植条件的感知强度，具体而言，本书选取了农户易于观测的两个变量：耕地种植中的客观障碍和农业劳动力情况。具体到本书研究中，控制信念具体指农户撂荒后对生计的控制能力，即撂荒后是否还具备维持生计的能力，因此本书研究采用是否具备非农就业机会作为控制信念的观测变量。本节将依次对知觉行为控制的三个观测变量，即耕地种植客观障碍、农业劳动力、非农就业机会对农户耕地撂荒行为的影响机理进行分析。

一、耕地种植客观障碍对农户耕地撂荒行为的影响机理

赣南丘陵山区地形复杂，大部分为丘陵山区，道路崎岖，修建农业基础设施难度较大、成本偏高，加之财政投入有限，很多偏远山区，基本没有田间配套设施，耕地生产得不到保障。随着近年来自然生态环境逐渐改善，山区野兽增多，耕地频繁受到野兽侵扰，耕地种植存在不同程度的客观障碍。

由于耕地的投入产出遵循边际收益递减规律，即在劳动力数量限制下，当耕作面积达到一定数量后，追加一单位耕地投入所带来的边际产出将下降。家庭联产承包责任制按人口、耕地质量均分土地的原则导致每个农户家庭分配有好、中、差不同质量、不同区位的耕地，每块耕地面临不同的耕作客观障碍。因此，理性农户将根据地块种植的便利程度和预期收益，按客观种植障碍由少到多的顺序有选择地投入耕地。种植客观障碍多的耕地，例如通勤距离远、灌溉条件差或土壤肥力低，其边际收益将以更大的幅度递减。

如图 5-5 所示，坐标横轴代表耕地面积，靠近原点的耕地代表种植障碍少的耕地，耕地种植客观障碍由左到右逐渐增加，纵轴代表耕地收益，曲线 TR、AR、MR 依次代表耕地总收益、平均收益、边际收益。面对具有不同耕作客观障碍的耕地，首先，农户将优先种植 OQ_1 这部分种植障碍最少的耕地，因为这块耕地具有较好的灌溉、通勤、土壤条件或较少的野生动物侵害，其边际收益 MR 递增且高于平均收益 AR，农户将集约利用这部分耕地。其次，农户可能会种植 Q_1Q 这部分次优的耕地，虽然与耕地 OQ_1 相比，这部分耕地的边际收益 MR 小于平均收益 AR 且以更大的幅度下降。但种植这部分耕地的边际收益大于零，依然

有利可图，可以增加耕地种植总收益，因此 Q₁Q 是农户的次优选择，但可能出现粗放经营、减少复种指数等隐性撂荒甚至完全撂荒的现象。最后，Q 以外的耕地面临较多的种植客观障碍，边际收益小于零，不具备经济价值，理性农户会将其撂荒（定光平等，2009）。

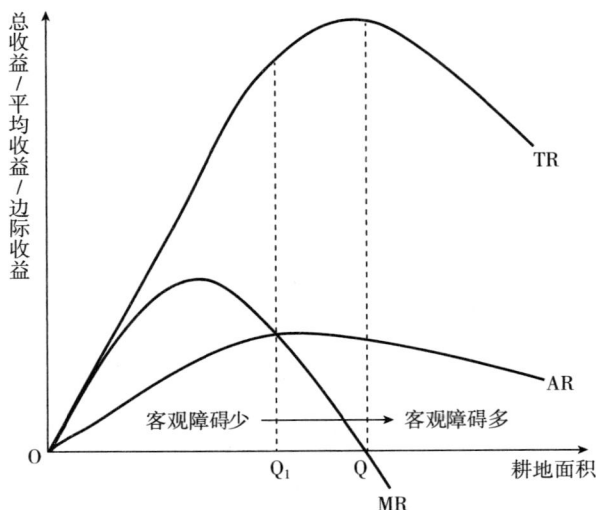

图 5 – 5　耕地种植客观障碍对耕地撂荒的影响

二、非农就业机会对农户耕地撂荒行为的影响机理

非农就业机会主要通过务工比较收益来影响农户在务农与务工之间的时间分配决策，因此本节运用农户非农就业工资反映农户非农就业机会。理性农户会根据市场劳动力和耕地预期收益对劳动力和耕地资源进行分配（Schultz，1964），因此，非农就业机会对农户耕地撂荒的影响可通过在劳动力约束下，基于务工收益与务农收益的比较，农户家庭劳动力的劳动时间在务农与务工之间的配置进行

分析。在存在非农就业市场的情形下，农户家庭劳动力劳动时间将被优先配置于收益较高的行业。此时，当农户配置于务农的劳动时间能够满足家庭耕地对劳动力的需求时，农户家庭所拥有的全部耕地都将得到充分耕作，此时不存在耕地撂荒现象；当农户将大部分劳动时间配置于务工，导致配置于务农的劳动时间无法满足家庭耕地对劳动力的需求时，农户家庭所拥有的耕地无法得到充分耕作，撂荒现象随之出现。

为简化模型，本节研究提出如下假设：①仅考虑农户劳动时间在务农与务工之间的分配问题，农户家务劳作时间等不纳入本节研究范畴；②忽略农业机械、农药、化肥等省工性投入对农业劳动力的替代情形；③农户可根据自身意愿自由参与务农或务工劳动，不考虑因家庭抚养等外部因素导致农户无法外出务工的情形；④所有耕地是同质的，并具有相同的集约利用程度；⑤不存在土地流转市场。

如图 5 - 6（a）所示，横轴表示农户可利用的全部劳动时间。其中务农劳动时间从左向右不断增加，务工劳动时间从右向左不断增加。粮食生产函数用实物计量，即图中总实物产量 TPP 曲线。平行于横轴的平行线 Q_1 代表农户家庭经营耕地得到充分耕作、不存在撂荒时的粮食产量，此时对应的务农时间为 OT_1，WW' 代表与务农时间为 OT_1 时的农业边际物质产品相等的市场工资水平。当工资成本曲线为 W_2W_2' 时，工资成本曲线 W_2W_2' 与总产量曲线 TPP 的切点 B 定义了农户在粮食生产中投入的最优劳动量 OT_2，也即农户愿意配置于务农的最大劳动时间，此时农户的务农机会成本 W 等于农业生产的边际物质产品 MPP。由于 $OT_2 > OT_1$，即农户愿意配置于务农的时间 OT_2 超过农户家庭耕地生产所需要的劳动时间 OT_1，此时耕地得到充分耕作，不存在撂荒现象。然而，在现实情况中，类似于 W_2W_2' 这种劳动的市场工资水平低于农户家庭农业生产的边际物质产品的情形是非常少见的，图 5 - 6（b）中的工资成本曲线在现实生活中更具有普遍性与代表性。

随着务工工资上涨，如图 5 – 6（b）所示，农户务农的工资成本曲线将从 W_2W_2' 移到 W_3W_3'，W_3W_3' 与 TPP 曲线的切点 C 处定义了务农机会成本曲线（即劳动的市场工资）为 W_3W_3' 的最优农业劳动时间投入 OT_3。在切点 C 右侧，工资成本曲线 W_3W_3' 的斜率大于 TPP 曲线斜率，代表农户务农机会成本 W 高于其农业生产的 MPP，此时农户将选择务工（Ellis，1988）。可见，当务工工资上涨到 W_3W_3' 水平时，农户配置于务农的时间 OT_3 小于农户家庭耕地生产经营所需的劳动时间 OT_1，此时耕地将出现撂荒现象。

由此可见，当务农机会成本小于 WW′ 时（在图中表现为经过位移的工资成本曲线与 TPP 曲线相切于 A 点右侧，如图 5 – 6（a）所示），农户愿意投入的农业劳动时间大于农户家庭耕地生产经营所需的劳动时间 OT_1，此时不存在撂荒现象；当务农机会成本大于 WW′ 时（在图中表现为经过位移的工资成本曲线与 TPP 曲线相切于 A 点左侧，如图 5 – 6（b）所示），农户愿意投入的农业劳动时间小于农户家庭耕地生产所需的劳动时间 OT_1，此时将出现撂荒现象。值得强调的是，工资成本曲线 WW′ 代表与农户经营家庭耕地的边际物质产品相等的劳动市场工资水平，具有不同耕地经营面积农户的耕地边际物质产品是不同的，因此与之相等的工资成本曲线 WW′ 是不同的，即具有不同耕地面积农户的务农机会成本是不同的。非农就业机会通过务农机会成本影响农户在务农与务工之间的劳动时间分配，从而对耕地撂荒产生影响。

三、农业劳动力数量对农户耕地撂荒行为的影响机理

在劳动力外流趋势加剧背景下，农村劳动力特别是青壮年劳动力大部分外出务工，甚至有的农户举家外出务工，留在家中务农的多为年老体弱的老人、妇女和小孩，耕种能力十分有限。据赣州市有关部门统计，因农业劳动力短缺造成耕地撂荒的面积约占撂荒总面积的 25%。

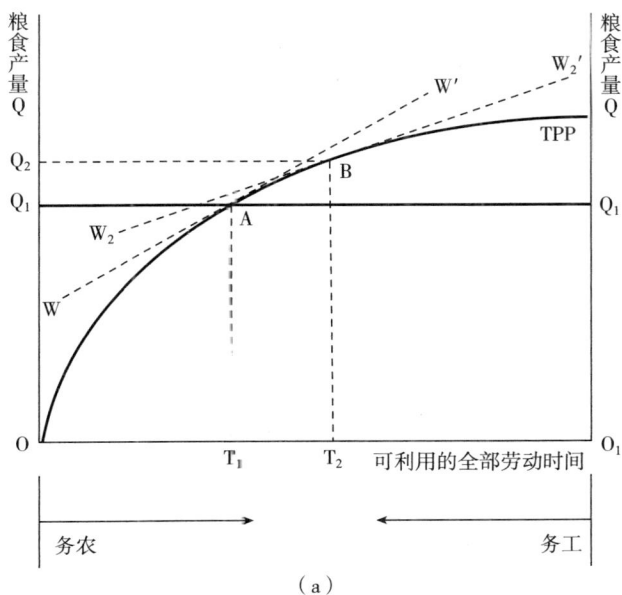

（a）

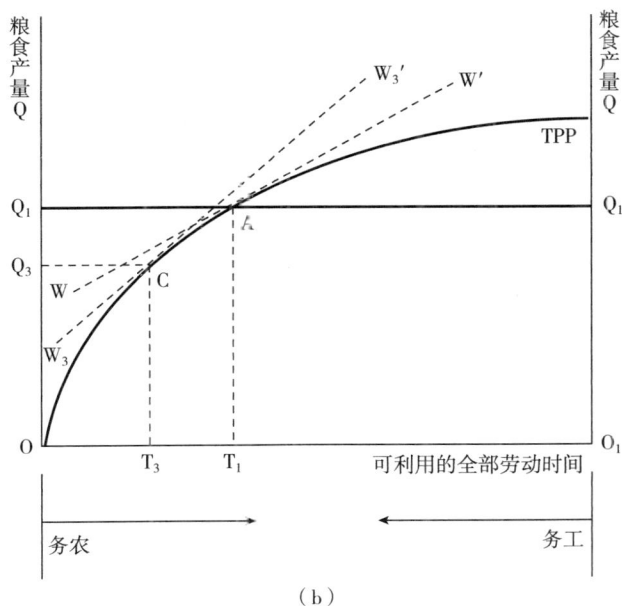

（b）

图 5-6　非农就业机会对农户务农决策的影响

根据调研发现，农村农业劳动力不足主要有两个来源：一是农户家庭成员因老、因病、因残等客观原因不具备劳动能力、无法进行生产性劳动，家庭劳动力总量无法满足家庭耕地生产经营的农业劳动力需求，导致耕地全部或部分撂荒；二是农户家庭具备充足的劳动力，但出于农业比较收益低等原因将家庭劳动力全部或部分配置于非农产业，使得家庭剩余的劳动力无法满足耕地生产经营的农业劳动力需求，导致耕地撂荒。本节将对农业劳动力不足的两类情形分别进行分析。

针对劳动力不足的第一类原因，可运用耕地面积与劳动力数量的线性关系进行解释。假设：①本节暂不考虑耕地承包面积扩大产生的规模效应，以及机械、农药、化肥等省工型投入对农业劳动力需求的影响；②单位耕地投入保持在常年水平，劳动力短缺将导致耕地明荒，暂不考虑因劳动力短缺导致的耕地粗放经营现象；③所有的耕地都是宜耕地，且具有相同的耕作条件；④家庭不存在雇佣劳动力（包括雇出和雇入）；⑤不存在土地流转市场。如图 5 - 7 所示，S 代表耕地集约度一定时耕地面积与农业劳动力之间的线性关系，在上述假设条件下，耕地面积越大，对农业劳动力的需求越多。纵轴表示耕地面积，横轴表示农业劳动力数量。纵轴 Q 点代表农户家庭经营的耕地面积，其对应的农业劳动力需求为 L，当农户家庭仅能够提供 L_1 数量的农业劳动力时，仅能保障 Q_1 面积的家庭耕地生

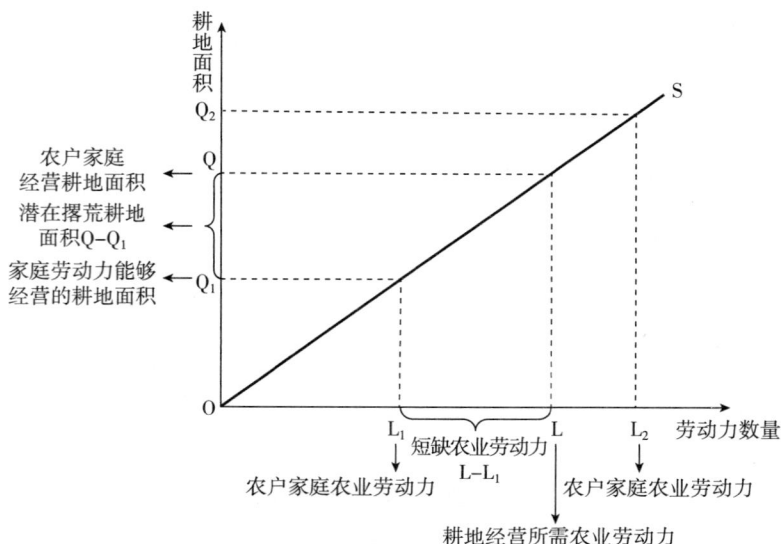

图 5 - 7　农业劳动力数量对耕地撂荒的影响

产经营，家庭劳动力所能保障的耕地经营面积 Q_1 与家庭经营耕地面积 Q 之间的差额（$Q - Q_1$）将成为潜在撂荒耕地。相反，如果家庭能够提供的农业劳动力为 L_2，其能够保障的耕地经营面积为 Q_2，超出了家庭所经营的耕地面积 Q，在不考虑其他耕种限制性因素的情况下，此时农户家庭耕地将不存在撂荒现象，并拥有（$L_2 - L$）的富余劳动力。

针对劳动力不足的第二类原因，即家庭劳动力充足情况下因劳动力配置导致的农业劳动力不足，可以通过各个家庭成员的务农机会成本进行解释，此时需要将前述假设条件④不存在劳动市场修正为存在劳动市场，并增加假设条件⑥：农户可以依据其家庭规模相应地取得耕地，这保证了劳动投入增加时，土地投入也可以相应增加，因此递减收益的出现时间将推迟，换言之，即在收益开始递减之前，生产函数可能有一段线性或者接近线性的部分（即边际收益不变的部分）（Low，1986）。如图 5 - 8 所示，纵轴代表实际收入 Y，横轴代表劳动时间 T。为便于理解，先假设某农户家庭有 3 个劳动者，他们各自的劳动时间就是图中横轴上的 A、B、C，这三个劳动者在农业生产中的劳动生产率完全相同，但在劳动市场上却得到不同的工资。图 5 - 8 中有一条农业生产的总产量线 TPP，与本节前述内容中的 TPP 曲线不同，此处的 TPP 曲线是一条直线，表示农业生产中的劳动边际生产率是常数，三个家庭成员农业劳动的边际生产率相等。但由于三个人在劳动市场上挣得的实际工资不同，各个人的劳动时间与其工资之积就是其劳动的工资收入或者说是其农业劳动的机会成本。曲线 OW 代表了家庭总工资或总劳动机会成本的增长状态。图 5 - 8（a）中对应于曲线 OW 给出了平行的劳动机会成本线 ωω′，它在 D 点与曲线 TPP 相切。仔细观察图中各条曲线直线的关系，就可知道 D 代表了这个农户劳动投入的"利润最大化"水平（曲线 TPP 与 OW 的距离在这个点上显然是最大的）。这里的含义很清楚：一个劳动力只有在其劳动的机会成本小于农业生产的 MPP 时，才应当从事农业生产。而农民 C，其劳动机会成本大于 MPP，则应当从事挣取工资收入的非农务工，以便增加家庭总收入。根据图

5-8，劳动机会成本线 $\omega\omega'$ 的斜率 ω，与农业生产函数曲线 TPP 的斜率 MPP 之间的差别是十分重要的。如果 $\omega <$ MPP，该农户成员就应当从事农业生产；如果 $\omega >$ MPP，该农户成员就应当务工，从事非农雇佣劳动。根据图 5-8（a）中劳动力 A、B、C 各自的劳动机会成本与农业劳动边际生产率的比较情况，对于农民 A、农民 B 来说，$\omega <$ MPP，对于农民 C 来说，$\omega >$ MPP，因此在该农户家庭中，A、B 应务农，C 应务工，才能实现家庭收益的最大化。假设该家庭耕地仅需要两个农业劳动力，则对于该家庭来说农业劳动力充足，不会发生耕地撂荒。

假定粮食价格不变、工资上升，表现为图 5-8（a）中的劳动机会成本线 $\omega\omega'$ 移到图 5-8（b）的 $\omega\omega''$，其在 E 点与曲线 TPP 相切。此时，对于农民 A 来说，$\omega <$ MPP，应当务农，从事耕地生产；对于农民 B、农民 C 来说，$\omega >$ MPP，应当务工，参加非农就业。此时在该农户家庭仅有 1 个农业劳动力，如果该家庭需要两个劳动力才能维持耕地生产经营的话，在不考虑省工型投入及其他耕作限制性因素的影响下，该家庭将由于劳动力不足而发生部分耕地撂荒现象。假定粮食价格不变、所有劳动力的工资均上升到 $\omega >$ MPP 水平，则该农户家庭所有成员都将务工，该家庭没有农业劳动力，在不考虑流转、雇入劳动力等情形下，耕地将全部撂荒。

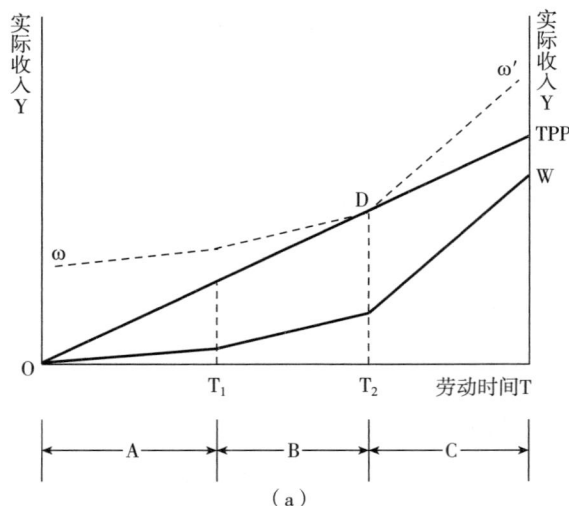

图 5-8 农户家庭劳动力数量配置对耕地撂荒的影响

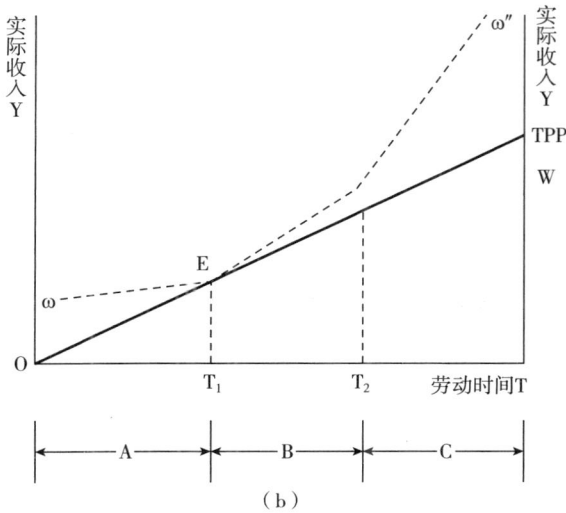

图 5 – 8　农户家庭劳动力数量配置对耕地撂荒的影响（续）

上述分析体现了追求家庭利润最大化时农户家庭劳动力的最优配置。最优配置的基本思想是微观经济分析的有力工具（Ellis，1988），上述农户家庭劳动力配置对耕地撂荒的影响模型由 Low（1986）的农户模型演化而来，其基本思想是通过农户家庭生产函数来最优地配置劳动力，并从工资—价格机制对因农户家庭劳动力配置造成的农业劳动力不足导致的耕地撂荒现象进行分析，较好地解释了普遍存在的赣南丘陵山区农业劳动力不足对耕地撂荒的影响机理。

第五节　外生变量对农户耕地撂荒行为的
影响机理

根据计划行为理论，个人以及社会文化等因素（如智力、经验、年龄、教育水平等）会对包含行为态度、主观规范和知觉行为控制的农户认知产生影响，并最终影响行为意愿和行为。毕继业等（2010）的研究也表明，农户认知的差异，会形成不同的耕地利用行为。因此，本节在计划行为理论框架下进一步分析影响农户认知的外生变量对农户耕地撂荒行为的影响机理。

一、影响撂荒认知的变量选取

耕地撂荒现象的产生与近年来农村社会经济的巨大变革密不可分，因此影响农户耕地撂荒认知的外生变量应能够体现出农村社会经济的主流变化。根据现有文献，农村社会经济变革在微观上突出体现为农户的人口与就业变化两方面，因此本书将从人口特征、就业特征入手选取影响农户耕地撂荒认知的外生变量。赣南丘陵山区的耕地撂荒现象本质上是区域性耕地利用问题，耕地的耕作环境也必然会对农户与耕地利用有关的认知产生影响，因此耕地的环境特征也将作为影响耕地撂荒认知的外生因素纳入分析框架。

参考现有文献，影响农户耕地撂荒认知的人口特征主要包括农户家庭劳动力平均年龄、教育水平、家庭人口结构；影响农户耕地撂荒认知的就业特征主要包括家庭农业劳动力占比、家庭务工收入占比、村庄农业劳动力占比、家庭党员数量；影响农户耕地撂荒认知的环境特征主要包括耕地面积、地块数量、耕地质量、通勤时间、灌溉条件、野生动物破坏程度、转出面积（张亮等，2018）。在就业特征中，除党员外，也有文献使用村干部表示农户政治身份，但考虑到党员与村干部身份存在重叠，为避免多重共线性，因此本书仅选择党员作为农户政治身份的表征指标。在环境特征中，也有研究将村庄距离集镇的距离作为村庄区位的表征指标，但由于近年来"村村通"公路政策实施，各乡村均建设有符合标准的公路直达，极大改善了偏远村庄的交通条件，村庄距集镇距离对农户耕地利用的交通限制得到缓解，因此村庄距集镇距离未纳入环境特征变量中。变量选取及赋值见表5－1。

表 5 - 1　影响耕地撂荒认知的外生变量定义和赋值

	变量名称	变量说明
人口特征	年龄	家庭劳动力平均年龄（岁）
	受教育程度	家庭成员平均受教育程度：1＝没上过学；2＝小学；3＝初中；4＝高中或职业中学；5＝大专及以上
	人口结构	家庭消费人口/家庭劳动人口（%）
就业特征	家庭农业劳动力占比	家庭农业劳动力/家庭总劳动力（%）
	家庭务工收入占比	家庭务工收入/家庭总收入（%）
	村庄农业劳动力占比	村庄留守农业劳动力/村庄总劳动力（%）
	党员数量	农户家庭中党员人数（人）
环境特征	耕地面积	农户家庭承包地总面积（亩）
	地块数量	农户家庭承包地的地块总数（块）
	耕地质量	平均耕地质量等级（1＝差；2＝中；3＝好）
	通勤时间	从居住地到种植地块的平均通勤时间（分钟）
	灌溉条件	0＝不能保证，1＝能保证
	野生动物破坏程度	1＝严重，2＝比较严重，3＝一般，4＝比较不严重，5＝没有
	转出面积	农户转出耕地面积之和（亩）

A. 恰亚诺夫（1996）在"道义小农"研究中将家庭人口结构用家庭中消费人口与劳动人口之比表示，即 c/w 比率。例如，如果一个家庭仅由两个成年人组成，没有孩子，它的 c/w 比率就是 1.00；但如果一家庭由两个成年人、一个老人及四个孩子组成，假设两个孩子能够完成半个成年人的工作，它的 c/w 比率就变成 7/3 = 2.33。A. 恰亚诺夫的农户行为模型实际上是关于家庭决策的经典人口模型，因此本书家庭人口结构计算也采用该方法。而人口结构中消费人口与劳动人口的划分则根据 Modigliani（1966）的研究按年龄组进行划分，即将人口划分为 3 个年龄段：0 ~ 14 岁为少儿组，15 ~ 64 岁为劳动力（成年）组，65 岁及以上表示老年人口组。该种划分方法在后续学者等研究中被逐渐认可并相继采纳，也是当前国际通用的划分方法。国家统计局对人口年龄结构的划分方法也与之类似，依据《中国统计年鉴（2016）》的人口划分方法，0 ~ 14 岁人口被划分为少

年儿童（P_{0-14}），65 岁及以上人口被划分为老年人口（P_{65+}），15～64 岁被划分为劳动年龄人口（P_{15-64}）。因此，本书沿袭该人口结构划分方法，将 15～64 岁人口划分为劳动人口，并假定两个 0～14 岁以内的孩子能够完成半个成年人的工作，家庭总人口数即为家庭消费人口数量，则农户家庭人口结构 S 如下所示：

$$S = (P_{0-14} + P_{15-64} + P_{65+}) / (P_{15-64} + P_{0-14} \times 1/4) \qquad (5-1)$$

二、影响撂荒认知的变量对撂荒行为的影响机理分析

1. 人口特征对耕地撂荒认知及撂荒行为的影响路径

在反映人口特征的三个变量中，农户劳动力平均年龄通过行为态度与知觉行为控制影响农户耕地撂荒决策。从认知情感上，农户年龄越大，对耕地的眷恋越深，越不舍看到耕地被撂荒；从生活阅历而言，在一定条件范围，农户年龄越高，种植经验和阅历越丰富，对耕地撂荒及其影响会有更深入的了解；从机会成本而言，年龄较大的农户由于非农就业机会的缺乏，耕地是其最基本的生产资料和唯一的经济利益来源，只有有效利用耕地才能获得生存保障，其耕地保护意识也比容易转业的年轻农户强。相比较下，越是年轻的农民，其耕地保护的积极性和责任心就越弱（陈美球等，2005），当前农业劳动力老龄化趋势也为上述观点提供了依据。

受教育程度通过行为态度、主观规范、知觉行为控制影响农户耕地撂荒行为。一方面，受教育程度更高的农户对耕地撂荒的经济、社会、负面影响会具有更全面的认知，因自身认知程度加深对他人撂荒行为进行干预的概率更高。另一方面，受教育程度低会限制农户对耕地保护相关概念的理解，使得耕地保护政策难以落实，农户难以介入耕地管护（赵华甫等，2008），农户文化水平越高，对耕地保护政策的认知程度就越深（陈美球等，2007）。此外，受教育程度较高的农户具有更多的非农就业机会，促使家庭劳动力向非农就业领域流动，造成家庭农业劳动力的减

少。因此，本书选择家庭成员平均受教育程度作为反映农户家庭整体教育背景的变量。

人口结构是农户家庭消费人口与劳动人口的比例。该比例越高，不仅意味着家庭劳动人口的相对稀缺，家庭农业劳动力也相应稀缺；还意味着该家庭具有为满足绿色食品和粮食自足需求而种植耕地的动机。同时，该家庭可能面临较大的人口抚育压力，不得不从事收入更高的非农就业以满足人口教育、医疗等消费需求。可见，人口结构通过主观规范与知觉行为控制对耕地撂荒产生双向影响。影响农户认知的人口特征对耕地撂荒的影响路径如图 5-9 所示。

2. 就业特征对耕地撂荒认知及撂荒行为的影响路径

在反映研究区样本农户就业特征的四个变量中，家庭农业劳动力占比反映农户家庭劳动力在农业与非农就业之间的劳动力配置情况，通过行为态度与知觉行为控制影响其撂荒意愿与行为。在城乡人口迅速增长的背景下，农业劳动力不足的原因更多在于农村劳动力配置导致的农业劳动力相对不足，而非家庭劳动力缺乏导致的绝对数量不足，农村劳动力外出务工挤占了本可以从事耕地生产的农业劳动力，因此农业劳动力占比高的家庭农业劳动力不足的概率较低。此外，家庭农业劳动力占比高的农户家庭在频繁的耕地种植活动中可以更直观地观测到耕地撂荒带来的土壤板结、复垦困难、病虫害增多等负面环境影响，因此其对于耕地撂荒的负面环境认知更全面。

在国家权力嵌入乡村基层社会的背景下，有政治身份是部分农户的共同标签（付振奇、陈淑云，2017）。拥有政治身份的农户在与政府相关部门紧密联系的同时又植根于乡土社会，这一特征使其处理家庭土地资产的决策与没有政治身份的农户相比，会有一定的差异（Chen，2011）。首先，政治身份本身是个人能力的体现，能力越强，农民进行职业身份转换的可能性就会越大，参与非农就业的机会就更多。其次，政治身份可以带来更便捷有效的社会网络资本获取与利用方式，

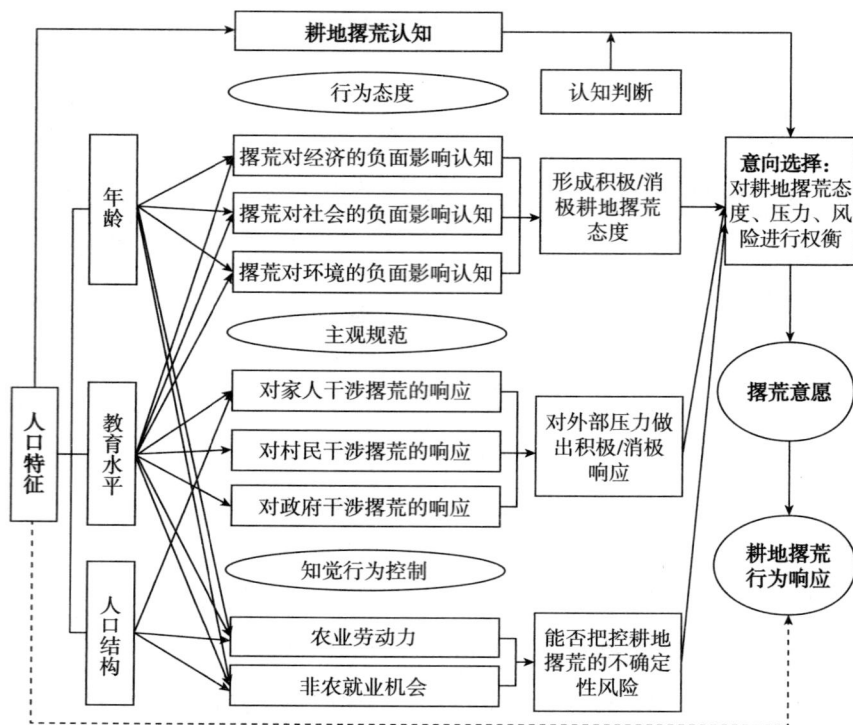

图 5-9　农户家庭人口特征对耕地撂荒的影响路径

使农户具有更完善的与耕地利用有关的信息获取途径，从而对耕地撂荒的负面影响产生更深刻的认知。再次，具有政治身份的农户处在随乡村社会演化形成的规范和非正式制度之中，并依托于党政组织（肖瑛，2014），其言行在一定程度上受到社会规范与政策导向制约，并在乡村社会起到"示范"效应，因此拥有党员的农户家庭发生耕地撂荒等不合理耕地利用行为概率较低。最后，政治身份强化了农户在农村社区的"话语权"，从而对村庄撂荒行为进行干预的可能性较高。综上所述，家庭党员人数通过主观态度、行为规范、知觉行为控制影响其耕地撂荒意愿及行为。

村庄农业劳动力占比反映村庄农业劳动力从业的整体情况。农业劳动力占比越高的村庄农业生产经营的氛围越强，农户会具有更强烈的良好耕种环境需求，对周边撂荒耕地导致的防护屏障弱化现象施加的外部压力更大。家庭务工收入占比较高的农户通常非农就业机会较稳定，家庭农业劳动力较缺乏。综上所述，村庄农业劳动力占比与家庭务工收入占比分别通过主观规范与知觉行为控制对耕地撂荒意愿与行为产生影响。农户家庭就业特征对耕地撂荒的影响路径如图 5 – 10 所示。

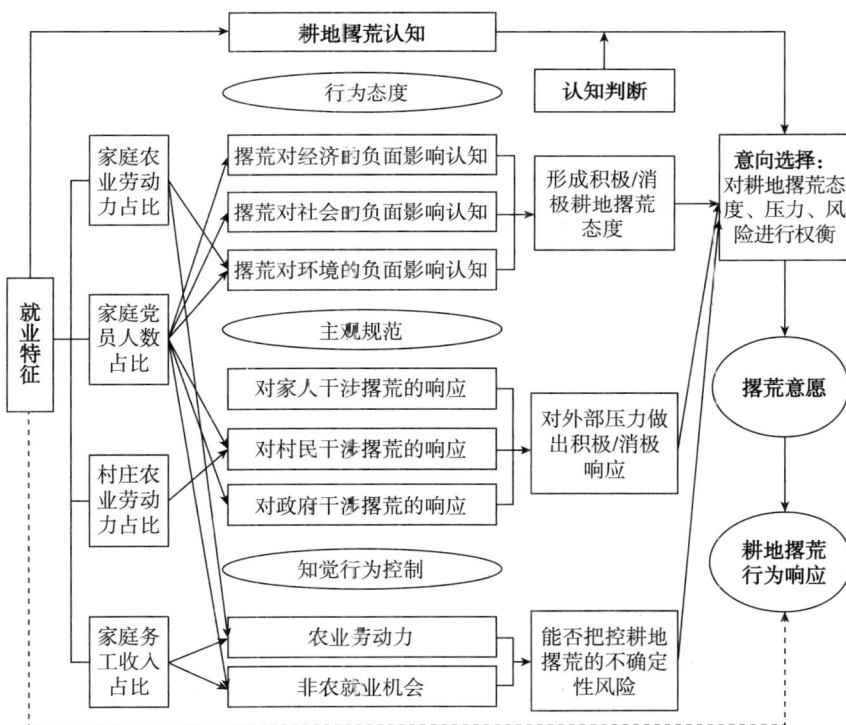

图 5 – 10 农户家庭就业特征对耕地撂荒的影响路径

3. 环境特征对耕地撂荒认知及撂荒行为的影响路径

根据第四章研究区耕地撂荒诊断情况，选取耕地面积、地块数量、耕地质量、通勤时间、灌溉条件、野生动物破坏程度作为耕地种植存在的客观障碍的影响因素。其中，家庭耕地面积反映了农户耕地资源禀赋及规模经营的条件，地块数量反映了耕地细碎化情况，耕地质量、通勤时间、灌溉条件、野生动物破坏程度等直接反映耕地种植存在的便利程度和客观障碍，上述影响因素通过知觉行为控制影响农户撂荒意向与行为。土地流转是遏制耕地撂荒现象的重要手段（邵景安等，2015），在研究区的转出耕地中，约46.5%的耕地通过政府引导或主导的方式转出，体现了政府对于耕地撂荒的干涉力度；约53.5%的耕地通过农户自主协商，以捡种、交换、出租等方式流转给亲朋、邻居耕种，体现了农户对来自家人、亲朋撂荒干涉的响应，其中约一半的转出耕地无租金，体现了农户纯粹保护耕地的心态。此外，农户转出耕地的行为弱化了农户生计对耕地的依赖，促使农户通过非农就业谋生。可见，耕地转出通过行为态度、主观规范、知觉行为控制影响农户撂荒意愿与行为。各变量具体影响路径如图5-11所示。

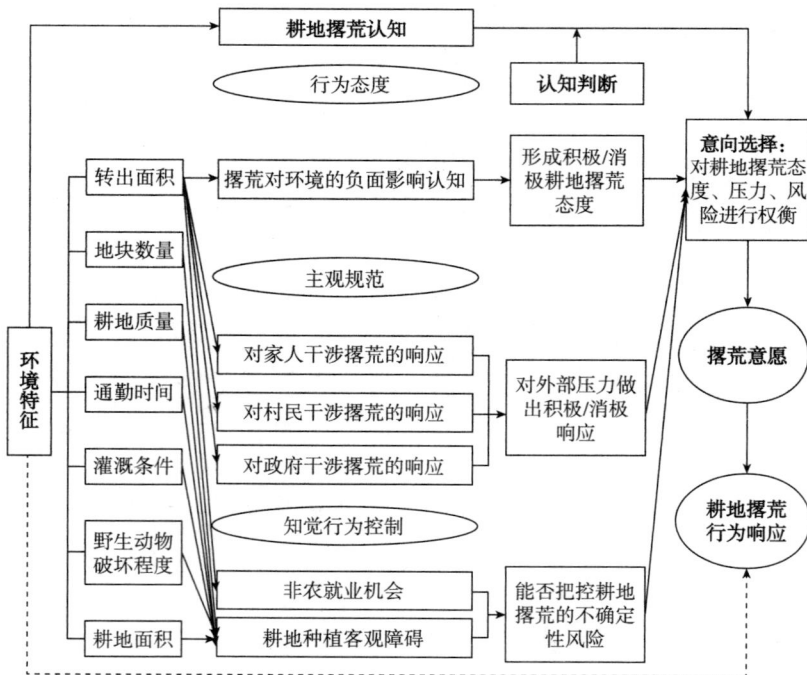

图5-11　农户家庭环境特征对耕地撂荒的影响路径

第六节 本章小结与实证验证框架

一、本章小结

农户耕地撂荒的计划行为理论是以农户有限理性假设为逻辑起点，以"外生变量—认知判断—意向选择—行为响应"为思路解释了农户耕地撂荒行为的形成机制。其中，行为态度和主观规范体现了文化认知、社会认可等非经济理性因素对农户耕地撂荒决策的影响；知觉行为控制涉及农户家庭劳动力分配、非农就业、耕地利用的客观条件，更多体现了农户在耕地撂荒决策中的经济理性；影响认知的外生变量对撂荒行为的影响机制分析，进一步将农户撂荒行为从心理决策层面拓展至易于观测的外生变量层面，拓展了本书研究的应用范围。总而言之，农户耕地撂荒的计划行为理论逻辑分析将社会心理学的研究框架与农户行为模型、边际收益等经济学理论和方法有机结合，体现了农户在实际行为决策中的有限理性，极大提高了对农户耕地撂荒行为的解释力。

二、基于计划行为理论的实证验证框架

在机理分析的基础上，实证部分将按以下思路进行：第六章将选取反映农户耕地撂荒行为态度、主观规范、知觉行为控制、撂荒意愿、撂荒行为的观测变量，运用结构方程模型验证计划行为理论对农户耕地撂荒行为的适用性；第七章将选取影响农户认知的外生变量，即人口特征、就业特征、环境特征，对赣南丘

陵山区农户显性耕地撂荒行为进行实证分析，包括对耕地撂荒行为、耕地撂荒规模、耕地撂荒率的回归分析；第八章将实证分析外生变量对农户隐性耕地撂荒行为的影响，包括对集约度和复种指数的回归分析（见图5-12）。第九章将对研究结论进行总结，据此提出相应的政策建议，并讨论本书研究的不足，对未来研究做出展望。

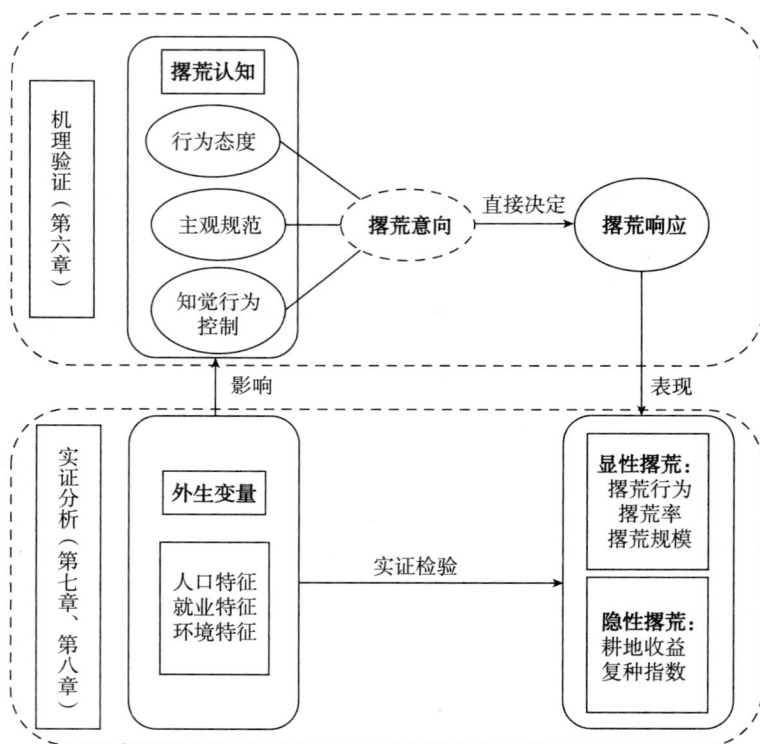

图5-12　农户耕地撂荒的计划行为理论逻辑和实证分析框架

第六章
丘陵山区农户耕地撂荒的
计划行为理论适用性验证

　　根据计划行为理论，农户耕地撂荒认知、意向选择和行为响应，需要分多个维度并建立多个指标进行刻画。同一维度甚至是同一潜变量下的观测变量可能具有高度相关性，因此对于涉及潜变量的计量分析在具体模型选择上无法单纯依靠回归模型，而需要选择适合处理多变量结构关系的结构方程模型进行实证分析。在第五章农户耕地撂荒计划行为理论逻辑分析的基础上，本章将提出相应假说，并运用结构方程模型、结合农户调研数据对计划行为理论对本书研究的适用性进行验证。

第一节　研究假说

一、农户行为态度对耕地撂荒行为意向的影响

　　行为态度（AB）是行为主体对执行某一行为积极或消极的态度。农户对耕

地撂荒的行为态度可以用对撂荒的负面影响认知来表征，包括对经济的负面影响、对社会的负面影响、对环境的负面影响。其中，撂荒对经济的负面影响包括影响农产品供给、不利于农业发展、国民经济结构失衡等；对社会的负面影响包括影响国家粮食安全、影响农村社会稳定，易导致空心村、空巢老人等社会问题；对环境的负面影响包括导致土质下降、植被恢复导致复垦困难等。理论上，如果农户认为耕地撂荒不会带来负面影响，则农户对耕地撂荒的行为态度就越积极，耕地撂荒的意向就越强，反之则越小。据此，本书提出假设 H1：

H1：农户耕地撂荒行为中，农户行为态度（AB）对行为意向（BI）有正向作用。

二、农户主观规范对耕地撂荒行为意向的影响

主观规范（SN）指外部社会压力对行为主体采取某项特定行为的影响。农户耕地撂荒行为中受到的外部社会压力主要来自于农村社区中农户行为的利益相关者，主要包括以亲缘为基础的农户家人、以地缘为基础的村民、以业缘为基础的基层政府。尽管耕地撂荒现象是农户个体行为，但其利益相关者依然会出于自身利益考虑对农户耕地撂荒行为进行干涉，从而对农户形成外部压力。具体而言，农户家人出于对绿色健康食品及粮食自足的需求而具有干涉农户耕地撂荒行为的动机；邻里村民出于对村庄良好耕种环节的需求而具有干涉农户耕地撂荒行为的动机；基层政府出于上级政府考核及维护公共利益的需求具有干涉农户耕地撂荒行为的动机。农户家人、村民、基层政府是农户耕地撂荒的主要利益相关者，面对来自以上三方的压力，理性农户将在力所能及的范围内做出符合外部期望的行为，缓解利益相关者干涉撂荒带来的外部压力，获得来自外部的积极评价，得到来自外部的社会认同，达到提高自身效用的行为效果。理论上，农户对利益相关者耕地撂荒干涉的感知力度越强，农户感受到的外部社会压力就越大，做出积极压力响应的动机就

越强，因此农户耕地撂荒的意向就越弱。基于此，本书提出假设 H2：

H2：农户耕地撂荒行为中，农户行为规范（SN）对行为意向（BI）有正向作用。

三、农户知觉行为控制对耕地撂荒行为意向及行为响应的影响

知觉行为控制（PBC）主要包括感知强度和控制信念两方面的认知。在农户耕地撂荒的案例中，农户对生产经营客观障碍的感知强度为耕地撂荒行为提供了行为动机，农户对非农生计转变的控制状况为耕地撂荒提供了行为条件，并降低了耕地撂荒所面临的不确定性风险。理论上，农户对耕地种植客观障碍的感知强度和撂荒后不确定性风险的控制信念越强，农户的撂荒意向就越强，反之则越弱。因此，本书提出假设 H3：

H3：农户耕地撂荒行为中，知觉行为控制（PBC）对耕地撂荒行为意向（BI）有正向作用。

与行为态度和主观规范通过行为意向对结果变量行为响应发生作用不同，除间接作用外，知觉行为控制亦直接影响行为响应（Ajzen and Driver，1992）。农户对耕地撂荒准确的知觉行为控制反映了与耕地种植或撂荒相关的实际控制条件的状况，因此它可作为实际控制条件的替代测量指标，在一定程度上直接预测撂荒行为发生的可能性，预测的准确性依赖于知觉行为控制的真实程度（沈磊，2010）。因此，本书提出假设 H4：

H4：农户耕地撂荒行为中，知觉行为控制（PBC）对耕地撂荒行为响应（BR）有正向作用。

四、农户行为态度、主观规范、知觉行为控制之间的相互影响

根据计划行为理论，尽管基于概念层面，行为态度、主观规范和知觉行为控

制从属于三个独立的维度，但由于三者可能拥有共同的信念基础，因此它们存在两两相关关系（段文婷、江光荣，2008）。一方面，农户耕地撂荒的行为态度、主观规范和知觉行为控制可能共同受到农户人口、就业特征等外生变量的影响，例如，具有政治身份的农户可能具有较为丰富的社会资源，非农就业机会（知觉行为控制的观测变量）更多，对耕地撂荒影响的认知度（行为态度的观测变量）也更加全面；另一方面，具有政治身份的农户在其所处的农村社区话语权也较强，因此对耕地撂荒进行干涉的可能性（主观规范的观测变量）较高。以上是行为态度、主观规范、知觉行为控制通过就业特征存在相关关系的例证，其他外生变量影响三者相关关系的机理也与此类似。基于此，本书提出假设 H5：

H5：农户耕地撂荒行为决策中，农户行为态度（AB）、行为规范（SN）、知觉行为控制（PBC）是两两相关的。

五、农户行为意向对耕地撂荒行为响应的影响

农户行为意向（BI）是农户耕地撂荒意愿程度的强弱。本质上，农户耕地撂荒行为就是耕地撂荒意向的一种动机决策，是耕地撂荒行为发生的先决条件。根据计划行为理论内涵，非个人意志完全控制的行为不仅受行为意向的影响，还受执行行为的个人能力、机会以及资源等实际条件的制约，在实际控制条件充分的情况下，行为意向直接决定行为（段文婷、江光荣，2008）。在本书假设中，知觉行为控制直接反映了农户对非农就业机会等耕地撂荒实际条件的控制能力，在此前提下，农户耕地撂荒意向直接决定其撂荒行为。据此，本书提出假设 H6：

H6：农户耕地撂荒行为决策中，农户行为意向（BI）对行为响应（BR）有正向作用。

第二节　模型构建

一、结构方程模型

赣南丘陵山区农户对耕地撂荒的行为态度、主观规范、知觉行为控制等反映农户主观认知和心理特质的潜变量难以直接测量，需要借助可测量的观测变量进行解释并展开测评。而结构方程模型要求首先构建潜变量间因果关系路径图，然后根据此图来展开潜变量之间以及潜变量和观测变量之间影响效应的分析（廖颖林，2005），适用于计划行为理论中难以直接观测的行为态度等潜变量的测量，因此本书运用结构方程模型对基于计划行为理论的农户耕地撂荒行为进行分析。

结构方程模型（SEM）是以变量的协方差矩阵为基础，据此对变量间的因果关系进行剖析，是一种包含潜在变量、观测变量以及误差变量之间关系的多变量统计模型（吴明隆，2010）。结构方程模型整合了因子分析和路径分析两种统计方法，允许自变量存在测量误差，允许观测变量的误差项存在相关性，可以有效地处理多变量之间的结构关系，并克服自变量之间的共线性问题（俞振宁等，2018），反映潜变量与观测变量之间因果关系（邱皓政、林碧芳，2009）。结构方程模型由探索观测变量与潜变量之间矩阵关系的测量方程与探索潜变量间矩阵关系的结构方程组成。反映观测变量与潜变量之间关系的测量方程表示如下：

$$X = \Lambda_x \xi + \delta$$

$$Y = \Lambda_Y \eta + \varepsilon \tag{6-1}$$

在基于计划行为理论的农户耕地撂荒行为理论模型中，X 表示外源观测指标，ξ 表示外源潜在变量，Λ_x 表示外源观测变量与外源潜变量之间的关系，称为外源观测变量在外源潜变量上的因子负荷矩阵，δ 表示外源观测指标 X 的测量误差；Y 表示内生观测指标，η 表示内生潜在变量，Λ_Y 表示内生观测指标与内生潜变量之间的关系，称为内生观测指标在内生潜变量上的因子负荷矩阵，ε 表示内生观测变量指标 Y 的测量误差。

反映潜变量之间关系的结构方程表示如下：

$$\eta = B\eta + \Gamma\xi + \zeta \qquad\qquad (6-2)$$

式（6-2）中，B 是内生潜变量间的系数矩阵，Γ 表示外源潜在变量之间的系数矩阵，即外源潜变量对内生潜变量所造成的影响，ζ 代表结构方程的残差项，是为了阐述 η 在方程中未能被解释的部分。

本书根据计划行为理论构建初步的假设模型，根据赣南丘陵山区农户耕地撂荒行为的实际调研情况，运用结构方程模型方法对研究假设进行理论模型验证。

二、变量选取

1. 量表设计

参考计划行为理论逻辑分析框架，本书共设计 5 个潜变量，即行为态度、主观规范、知觉行为控制、耕地撂荒行为意向和耕地撂荒行为响应。根据程培堽等（2011）量表题项的筛选方法，本书最终确定 5 个潜变量对应的可观测变量，共15 个题项。具体而言，农户对耕地撂荒负面影响的认知程度会影响农户对耕地撂荒积极或消极的态度取向，因此本书选取农户对耕地撂荒经济、社会、环境负面影响的认知程度作为行为态度的观测变量。农户耕地撂荒行为所感受到的外部压力主要来源于农村社区的利益相关者，主要由以亲缘为纽带的家人、以地缘为基础的村民、以业缘为前提的基层政府构成，因此本书选取农户对家人、村民、基层政府对耕地撂荒干涉的认知程度作为主观规范的观测变量。知觉行为控制反映出农户对于耕地撂荒及不确定性风险的管控能力，与农户家庭耕地生产经营的客观条件及生计转变能力息息相关，因此选择农户对家庭农业劳动力、非农就业机会及耕作种植障碍的认知作为知觉行为控制的观测变量。农户的行为意向直接体现在农户及其家人在不同条件下的耕作意愿，因此选择"我不愿从事耕地生产""我不愿我的后代从事耕地生产""即使加大扶持力度我也不愿从事耕地生产"作为撂荒意愿的测量题项。农户耕地撂荒行为的外在表现形式主要包括显性撂荒和隐性撂荒两个方面，因此结合研究区实际状况，将农户对于在隐性、显性耕地撂荒中表现出来的典型消极耕地利用方式的认知程度作为撂荒行为响应的观测变量。变量选择及量级界定见表6-1。

表6-1　变量的选择及界定

潜变量	观测变量	量级界定	参考文献
行为态度（AB）	撂荒对经济无负面影响 AB1	1＝完全不同意，2＝比较不同意，3＝一般，4＝比较同意，5＝完全同意	崔悦等，2019
	撂荒对社会无负面影响 AB2		
	撂荒对环境无负面影响 AB3		
主观规范（SN）	家人不干涉耕地撂荒 SN1	1＝完全不同意，2＝比较不同意，3＝一般，4＝比较同意，5＝完全同意	殷志扬等，2012；胡伟艳等，2019
	村民不干涉耕地撂荒 SN2		
	政府不干涉耕地撂荒 SN3		
知觉行为控制（PBC）	缺乏农业劳动力 PBC1	1＝完全不同意，2＝比较不同意，3＝一般，4＝比较同意，5＝完全同意	李升发、李秀彬，2016
	具有非农就业机会 PBC2		
	耕地种植存在客观障碍 PBC3		
耕地撂荒行为意向（BI）	我不愿从事耕地生产 BI1	1＝完全不同意，2＝比较不同意，3＝一般，4＝比较同意，5＝完全同意	崔悦等，2019
	我不愿我的后代从事耕地生产 BI2		
	即使加大扶持力度我也不愿从事耕地生产 BI3		
耕地撂荒行为响应（BR）	耕地粗放经营 BR1	1＝完全不符合，2＝比较不符合，3＝一般，4＝比较符合，5＝完全符合	马强，1997
	两季改为一季 BR2		
	耕地全年撂荒 BR3		

2. 量表描述性统计

样本基本情况如表 6 – 2 所示。受访者家庭以男性户主为主，其比例达到 94.32% 以上；户主年龄相对较大，45 岁以下的仅占 13.96%；婚姻状况大多为已婚，其比例达到 97.89% 以上；文化程度整体较低，以小学和初中为主，大专及以上学历仅占 4.22%；家庭规模中，家庭人数小于或等于 3 人的有 236 户，占 38.31%，4~5 人的有 202 户，占 32.79%，大于 5 人的有 178 户，占 28.90%；研究区农户家庭承包地规模整体较小，一半以上农户家庭承包地面积不超过 3 亩；在农户家庭年收入中，收入水平在 2 万元以内、2 万~5 万元（不含 2 万元）、5 万~10 万元（不含 5 万元）、10 万元以上的农户分别有 150 户、161 户、178 户、127 户，分别占样本总量的 24.35%、26.14%、28.90%、20.62%。详见表 6 – 2。

表 6 – 2　样本的基本特征

统计指标	分类指标	样本数（人）	比例（%）
性别	男	581	94.32
	女	35	5.68
年龄	≤45 岁	86	13.96
	46~50 岁	88	14.29
	51~55 岁	130	21.10
	56~60 岁	90	14.61
	61~65 岁	86	13.96
	>65 岁	136	22.08
婚姻	已婚	603	97.89
	未婚	13	2.11
受教育程度	没上过学	39	6.33
	小学	235	38.15
	初中	234	37.99
	高中或职业中学	82	13.31
	大专及以上	26	4.22

统计指标	分类指标	样本数（人）	比例（%）
家庭规模	≤3 人	236	38.31
	4~5 人	202	32.79
	>5 人	178	28.90
家庭承包地规模	≤1 亩	54	8.77
	1~2 亩（不含 1 亩）	132	21.43
	2~3 亩（不含 2 亩）	133	21.59
	3~5 亩（不含 3 亩）	195	31.66
	>5 亩	102	16.56
家庭年收入	≤2 万元	150	24.35
	2 万~5 万元（不含 2 万元）	161	26.14
	5 万~10 万元（不含 5 万元）	178	28.90
	>10 万元	127	20.62

经统一处理和简化后的变量及其描述性统计如表 6-3 所示。在农户耕地撂荒行为模型的 3 个外源潜变量中，行为态度（AB）的三个观测变量 AB1（耕地撂荒对经济无负面影响）、AB2（耕地撂荒对社会无负面影响）、AB3（耕地撂荒对环境无负面影响）的均值分别为 3.19、3.31、2.97，量值大于或等于 3 的比例分别为 58%、69%、53%，表明农户对耕地撂荒带来的环境负面影响认知高于其对带来的经济、社会负面影响认知。主观规范（SN）的三个观测变量 SN1（家人不干涉撂荒）、SN2（村民不干涉撂荒）、SN3（政府不干涉撂荒）均值分别为 2.81、2.89、1.99，量值大于或等于 3 的比例分别为 64%、63%、30%，说明在农户认知中，政府对于耕地撂荒的干涉力度大于家人及村民对于耕地撂荒的干涉力度，尽管如此，家人、村民、政府的干涉对于农户的影响程度，即干涉效果具体如何，有待于后文通过结构方程模型进一步进行定量分析。在知觉行为控制（PBC）的三个观测变量中，PBC1（缺乏农业劳动力）、PBC2（具有非农就业机会）、PBC3（耕地种植存在客观障碍）的均值分别为 2.35、2.29、2.04，量值大于或等于 3 的农户占比分别为 55%、54%、31%，说明缺乏农业劳动力的现象在

农村非常普遍，超过 1/2 的受访农户具备一定非农就业技能，约 1/3 的受访农户认为耕地种植客观条件不佳，耕地种植存在客观障碍。

表 6 - 3　变量描述性统计

潜变量	观测变量	缩写	均值	标准差
行为态度 （AB）	耕地撂荒对经济无负面影响	AB1	3.19	1.78
	耕地撂荒对社会无负面影响	AB2	3.31	1.50
	耕地撂荒对环境无负面影响	AB3	2.97	1.74
主观规范 （SN）	家人不干涉耕地撂荒	SN1	2.81	0.94
	村民不干涉耕地撂荒	SN2	2.89	1.49
	政府不干涉耕地撂荒	SN3	1.99	0.81
知觉行为 控制（PBC）	缺乏农业劳动力	PBC1	2.35	1.36
	具有非农就业机会	PBC2	2.29	1.13
	耕地种植存在客观障碍	PBC3	2.04	1.37
耕地撂荒 行为意向（BI）	我不愿从事耕地生产	BI1	3.25	0.72
	我不愿我的后代从事耕地生产	BI2	3.54	0.92
	即使加大扶持力度我也不愿从事耕地生产	BI3	1.80	1.14
耕地撂荒 行为响应 （BR）	耕地粗放经营	BR1	1.98	1.31
	两季改为一季	BR2	2.91	1.23
	耕地全年撂荒	BR3	2.41	1.27

农户行为意向和行为响应的总体情况不乐观。从行为意向看（BI），在没有农业扶持的情况下，大多数农户不仅自己不愿从事农业生产，也不愿后代从事农业生产。在行为意向的三个观测变量 BI1（我不愿从事耕地生产）、BI2（我不愿我的后代从事耕地生产）、BI3（即使加大扶持力度我也不愿从事耕地生产）中，量值大于或等于 3 的农户占比分别是 97%、97%、30.68%，说明农户整体上从事农业生产的主观意愿不强，但国家加大农业扶持力度可改善此状况。在行为响应的三个观测变量中，BR1（耕地粗放经营）中量值大于或等于 3 的农户占比是 24%，说明尽管农户具有较强的撂荒意愿，但未撂荒的土地集约利用的趋势并未减弱，这主要是因为减少农药、化肥等的施用量将显著降低耕地产量，同时化

肥、农药的施用对农业劳动力具有要素替代功能。BR2（两季改为一季）中量值大于或等于3的农户占比为67%，说明当前研究区大部分地区一年只种植一季，对比江西作为全国粮食主产区之一在过去普遍种植两季的情况，可以看出季节性撂荒这种隐性撂荒方式正在逐渐蔓延。BR3（耕地全年撂荒）中量值大于或等于3的农户占比为37%，说明研究区超过1/3、约占37%的农户存在全年撂荒现象，与第四章第一节从撂荒户层面测度的耕地撂荒率相一致，加之普遍存在的季节性撂荒现象，可见研究区耕地撂荒形势较为严峻。

第三节　实证分析与研究结果

一、信度与效度检验

为保证量表的质量，必须对量表数据进行信度与效度检验。量表数据通过检验后，才能进行实证分析。本书采用SPSS17.0软件对量表信度与效度进行检验，检验结果见表6-4。

表6-4　变量信度、效度及因子分析结果

路径	标准因子载荷	C. R. 值	Cronbach's α 系数	KMO 值	Bartlett 球形检验
AB1 < - - - AB	0.732	17.960***			
AB2 < - - - AB	0.654	16.110***	0.802	0.707	593.637（p = 0.000）
AB3 < - - - AB	0.853	—			
SN1 < - - - SN	0.861	17.562***			
SN2 < - - - SN	0.846	17.446***	0.789	0.656	784.478（p = 0.000）
SN3 < - - - SN	0.672	—			

路径	标准因子载荷	C. R. 值	Cronbach's α 系数	KMO 值	Bartlett 球形检验
PBC1 < – – –PBC	0.816	28.092***			
PBC2 < – – –PBC	0.717	22.701***	0.895	0.699	1234.732 (p = 0.000)
PBC3 < – – –PBC	0.937	—			
BI1 < – – –BI	0.574	—			
BI2 < – – –BI	0.874	15.851***	0.830	0.651	945.608 (p = 0.000)
BI3 < – – –BI	0.951	16.554***			
BR1 < – – –BR	0.703	—			
BR2 < – – –BR	0.767	17.269***	0.831	0.639	841.527 (p = 0.000)
BR3 < – – –BR	0.954	22.554***			

注：***表示在1%水平上显著；C. R. 值即 t 值；AB、SN、PBC、BI、BR 分别表示行为态度、主观规范、知觉行为控制、行为意向、行为响应。

信度是对量表的可靠性和一致性的评价，用以衡量问卷调查反映实际情况的程度。信度检验普遍使用的指标是基于标准化项的内部一致性信度（Cronbach's α 系数）（汪文雄、杨海霞，2017），一般认为，Cronbach's α 系数在 0.65 以下为不可信，0.65～0.70 为最小可接受，0.7～0.8 为相当好，0.8～0.9 为非常好（张文彬、李国平，2017）。检验结果显示行为态度、主观规范、知觉行为控制、行为意向和行为响应 5 个潜变量的 Cronbach's α 系数分别为 0.802、0.789、0.895、0.830、0.831，表明量表数据一致性和稳定性较好，量表具有较高的信度。

效度是指测量结果在多大程度上反映概念的真实含义，是对量表的正确性和有效性的评价，用以衡量问卷对既定目标表达的准确性和真实性（胡伟艳等，2019）。测量的效度越高，表示测量的结果越能反映其所欲测量对象的真正特征。量表的效度检验主要包括内容效度和结构效度检验。内容效度指量表内容（或者题项）的合适性，即量表内容是否反映所要测量的心理特质。本书量表的测量题项是在借鉴国外计划行为理论量表研究成果的基础上，在预调研后结合研究区农户耕地撂荒实际情况并咨询专家后进行修改而确定的，从而保证了本量表的内容效度。结构效度是指某一测量工具能够测得一种心理特质的程度。通常采用因子分析检验数据的结构效度（张圆刚等，2017）。检测结果表明，行为态度、主观规范、知觉行为控制、行为意向、行为响应 5 个潜在变量的 KMO（Kaiser - Meyer - Olkin）值分别为 0.707、0.656、0.699、0.651、0.639，均在阈值 0.6 之上；Bartlett 球体检验的显著水平均为 0.000，小于 0.001，表明样本数据适宜作因子分析。因子分析中，各观测指标在各自归属的主成分的载荷介于 0.561 ~ 0.954 之间，均大于建议值标准 0.5（俞振宁，2019），说明量表具有较好的结构效度。此外，所有观测变量载荷系数的 C. R. 值都大于 2，且都在 99% 的置信度下显著，表明潜变量与可观测变量之间的载荷系数估计具有显著性（殷志扬等，2012）。本书量表数据通过了信度和效度检验，适合进一步研究。

二、模型拟合与适配度检验

根据模型假说与测量指标设计，结合信度与效度检验结果，构建包含 AB、SN、PBC、BI、BR 为潜变量的结构方程模型（见图 6 - 1）。运用 AMOS17.0 软件对农户耕地撂荒行为模型进行检验，同时考虑变量方差之间存在的合理共变关系（李世杰等，2013），根据初步的模型结果增列 e1 与 e2、e2 与 e7、e2 与 e8、e3 与 e9、e7 与 e8、e13 与 e14 共 6 组共变关系，在不违背理论假设的前提下降低模型卡方值，有效提高模型拟合优度。

适配度指数用于评价假设路径分析模型适合样本数据的程度（沈萌等，2019）。通常采用绝对适配度指数、增值适配度指数和简约适配度指数来衡量结构方程模型的整体拟合优度（程建等，2017）。如表 6 - 5 所示，本模型 CFI 值为 0.945，大于阈值 0.900，其余指标拟合优度统计值均满足或接近阈值条件，表明本书构建的结构方程模型（SEM）具有良好的拟合效果，模型整体适配度通过检验。

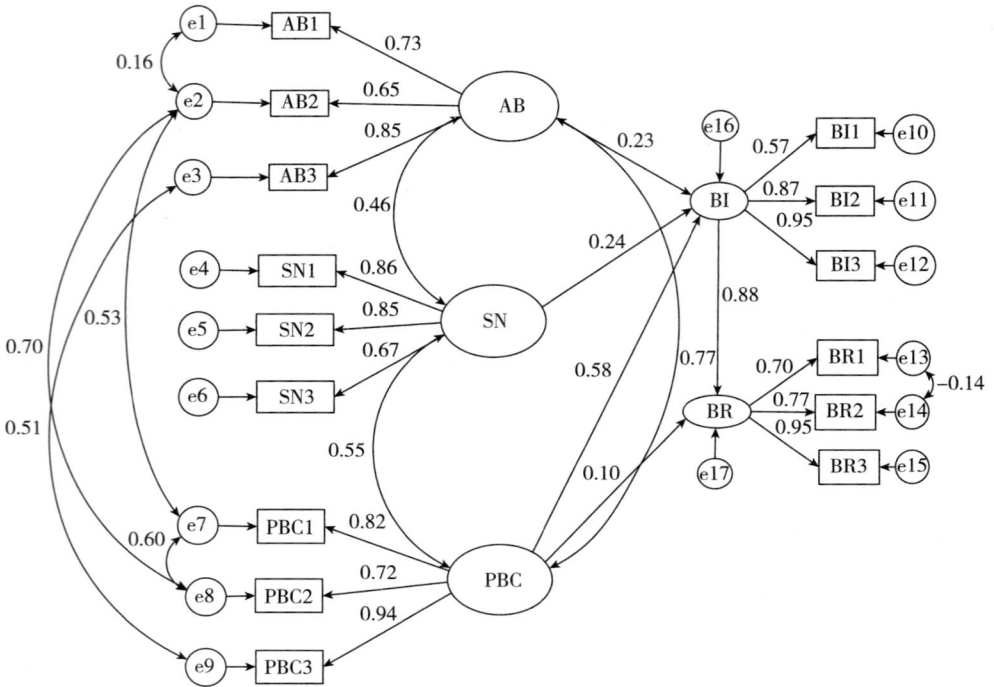

图 6 - 1　农户耕地撂荒行为的结构方程模型及其估计结果

注：→表示潜变量之间的因果关系，由因变量指向果变量；↔表示变量之间的相关关系。e1～e17 表示测量模型中观测变量的残差和结构模型的测量误差。

表 6 - 5　模型适配度指标

统计检验量	简写	配适的标准或临界值	检验结果	配适判断
绝对配适度指数				
残差均方和平方根	RMR	<0.05	0.070	基本配适
渐进残差均方和平方根	RMSEA	<0.08	0.095	基本配适
适配度指数	GFI	>0.90	0.914	是
调整后适配度指数	AGFI	>0.90	0.864	基本适配

统计检验量	简写	配适的标准或临界值	检验结果	配适判断
增值配适度指数				
规准适配指数	NFI	>0.90	0.936	是
相对适配指数	RFI	>0.90	0.912	是
增值适配指数	IFI	>0.90	0.946	是
非规准适配指数	TLI	>0.90	0.925	是
比较适配指数	CFI	>0.90	0.945	是
简约适配度指数				
简约适配度指数	PGFI	>0.50	0.579	是
简约调整后的规准适配指数	PNFI	>0.50	0.578	是
节俭调整指数	PCFI	>0.5	0.684	是
χ^2 自由度比	NC	<5.00	6.575	基本配适
信息标准指数	AIC	假设模型同时小于饱和模型和独立模型	587.672 > 240.000 587.672 < 7890.264	基本配适
信息标准指数	CAIC		826.294 < 890.790 826.264 < 7971.612	是

三、假说检验与结果分析

根据结构方程模型（SEM）运行结果（见表6-4、表6-6、表6-7、图6-1），本书假说H1、H6均得到证实，验证了农户耕地撂荒行为符合计划行为理论逻辑，可以运用该理论进行解释。农户耕地撂荒行为响应决策过程遵循"外生变量—认知判断—意向选择—行为响应"这一逻辑路径，农户耕地撂荒行为态度、主观规范、知觉行为控制三个潜变量决定农户耕地撂荒意愿，农户耕地撂荒意愿决定撂荒行为响应，其中，知觉行为控制亦直接影响行为响应。

表6-6　结构方程模型估计结果

路径	标准化路径系数	标准误差	临界比	假说检验
BI < - - - AB	0.234 ***	0.013	5.213	接受 H1
BI < - - - SN	0.244 ***	0.026	7.198	接受 H2
BI < - - - PBC	0.580 ***	0.018	10.503	接受 H3
BR < - - - PBC	0.104 * （p = 0.060）	0.040	1.880	接受 H4
BR < - - - BI	0.877 ***	0.185	10.602	接受 H5
AB < - - > SN	0.463 ***	0.046	8.196	—
SN < - - > PBC	0.547 ***	0.040	9.659	接受 H6
AB < - - > PBC	0.771 ***	0.118	12.391	—

注：*** 、* 分别表示在1%、10%的水平上显著。

表6-7　各潜变量对行为响应的标准化直接、间接及总效应

效应	行为态度	主观规范	知觉行为控制	行为意向
直接效应	—	—	0.104（p = 0.056）	0.877（p = 0.015）
间接效应	0.205（p = 0.012）	0.214（p = 0.012）	0.509（p = 0.007）	—
总效应	0.205（p = 0.014）	0.214（p = 0.012）	0.613（p = 0.007）	0.877（p = 0.014）

　　农户耕地撂荒行为中，从行为态度（AB）到行为意向（BI）的路径系数为 0.234（见表6-6和图6-1），并在1%的水平上显著，说明农户撂荒行为态度是影响其撂荒行为意向的重要因素，农户对耕地撂荒负面影响认知越少，其撂荒意向越强。在潜变量行为态度的三个可观测变量中（见表6-4和图6-1），"耕地撂荒对环境无负面影响""耕地撂荒对经济无负面影响""耕地撂荒对社会无负面影响"的标准化载荷系数由大到小依次为0.853、0.732、0.654，这表明，赣南丘陵山区农户在耕地撂荒的行为态度认知中，撂荒对环境有无负面影响是其考虑的最主要问题，这或许是由于农户对耕地撂荒的环境影响认知高于其对经济、社会影响认知所致，这也与研究区实地调研情况一致。调研发现，很多农户能够意识到耕地撂荒会导致土壤质量下降，例如土壤失肥、土质变硬、水土流失等，以及耕地撂荒会导致植被恢复，使得田间生物增加、复垦困难等，而了解耕

地撂荒对经济、社会影响的农户人数较少。由于耕地撂荒带来的植被恢复、土壤硬化等环境影响较为直观，对品质、产量等的影响易于观测，因此农户对耕地撂荒的环境影响认知可以从耕地生产经验获得。撂荒对经济、社会的影响则更加宏观、更为抽象，不易直接观测，需通过新闻、报纸、宣传等信息传输媒介才能获取；同时，对撂荒带来的经济、社会影响认知与农户受教育水平也不无联系，受教育水平较高的农户对撂荒的经济、社会影响会具有更加深刻的认知。此外，耕地撂荒对经济、社会的负面影响需经过宏观经济运行体系中价格机制、供求机制等再作用于农户身上，相较于撂荒的环境影响具有一定滞后性，不易直接感知，因此农户对耕地撂荒对于经济、社会的负面影响感知弱于其对环境影响的感知。

从主观规范（SN）到行为意向（BI）的路径系数为 0.244（见表 6-6 和图 6-1），并在 1% 的水平上显著，表明农户耕地撂荒行为受到外部压力的影响。如果利益相关者对耕地撂荒持负面态度并进行干涉、对撂荒农户形成压力，则农户耕地撂荒的意向会明显减弱，反之则农户耕地撂荒意向会增强。潜变量主观规范（SN）的三个观测变量中（见表 6-4 和图 6-1），"家人不干涉耕地撂荒（SN1）"的标准化载荷系数最大且显著，达到 0.861，其次分别是"村民不干涉耕地撂荒（SN2）"和"政府不干涉耕地撂荒（SN3）"，其标准化载荷系数分别为 0.846 和 0.672，意味着农户耕地撂荒行为会受到来自家人、村民及政府干涉的影响和压力，其中家人、村民对撂荒行为的干涉对农户耕地撂荒行为的影响大于政府干涉的影响。在农村社区，亲朋邻里是农户最可能选择的参照对象，农户行为会受到同伴行为标准及行为期望的影响（黄炜虹等，2016）。与政府规制相比，由亲朋邻里构成的农民社区行为规范更加受到农户认可，对农户起到非正式制度约束的作用。这表明在对农户耕地撂荒行为调控中，着力提高农户对耕地撂荒的认知水平，在农民社区营造普遍认可的鼓励耕作的种植氛围尤为重要。尽管"政府不干涉耕地撂荒（SN3）"对农户主观规范的路径系数大于 0.5 且显著，但其影响程度弱于家人与村民对农户撂荒行为意向的影响，这表明基层政府需要通过改进工作方式、提高工作绩效等方式增强在农村社区的公信力，增强农户对基层政府的信任感。

从知觉行为控制（PBC）到行为意向（BI）的路径系数为 0.580（见表 6-6 和图 6-1），大于行为态度（AB）与主观规范（SN）到行为意向的路径系数之和且在 1% 的水平上显著；同时，从表 6-7 可以看出，知觉行为控制（PBC）对行为意向（BI）与行为响应（BR）均具有直接效应，分别在 1% 和 10% 的水平上显著，且知觉行为控制（PBC）对耕地撂荒行为响应的总效应大于行为态度（AB）与主观规范（SN）对行为响应（BR）的总效应之和。由此可见，在赣南丘陵山区农户耕地撂荒行为理论框架的 3 个外源潜变量（行为态度、主观规范、知觉行为控制）中，知觉行为控制的影响最大。这表明与行为态度、主观规范等通过在农户认知中形成非正式制度约束撂荒行为相比，对耕地种植产生直接影响的客观耕作条件制约以及农户的客观条件掌控能力对农户耕地撂荒行为影响程度更强，体现了农户在涉及自身利益的关键问题上持有的极为务实、谨慎的态度。在知觉行为控制的 3 个观测变量中（见表 6-4 和图 6-1），"耕地种植存在客观障碍（PBC3）"的标准化载荷系数最高且显著，达到 0.937；"缺乏农业劳动力（PBC1）"和"具有非农就业机会（PBC2）"依次次之，分别为 0.816 和 0.717 且显著，表明耕地种植存在客观障碍是制约农户耕地种植的最主要因素。人多地少是研究区耕地基本现状，根据调研数据，研究区户均耕地面积 3.48 亩，户均 7.5 块耕地，平均地块面积 0.46 亩，人均耕地面积 0.8 亩，耕地质量参差不齐，分布零散。赣南丘陵山区地形起伏，机械化程度低，部分山区耕地道路通达性较差，并存在一定程度的野兽侵扰（野猪、野兔、山鼠等）与自然灾害（旱涝灾害、泥石流等），以化肥、农药施用为主要特征的集约化耕地利用方式导致土壤板结、肥力降低，这些客观制约条件均直接或间接地在较大程度上促进了农户耕地撂荒行为。缺乏农业劳动力也是农户认知中制约耕地生产的重要因素之一。从地理位置看，赣南丘陵山区毗邻广东、福建等经济发达省份，加之农业比较收益低，青壮年农民外流现象严重，留守在乡的以老人和小孩为主，农业劳动力缺乏较为普遍。具有非农就业机会也是农户在耕地撂荒行为决策中考虑的自身对客观条件掌控能力的重要方面，其标准因子载荷在1%的水平上显著，说明农户对自己的非农就业机会能力认可度越高，其撂荒意向越强，撂荒行为概率就越大。说明在务农与非农就业两者的权衡中，具有非农就业能力的农户倾向于务工而非务农，这主要是由于农业比较效益低所致，但其因子载荷系数在知觉行为控制的三个观测变量中最小，说明就农户整体而言，农户在是否具备耕地撂荒的客观条件及是否具备撂荒能力的认知中，与非农就业机会相比，客观耕作条件及农业劳动力等直接限制条件是农户优先考虑的限制因素。

从行为意向（BI）到行为响应（BR）的路径系数为0.877且在1%的水平上显著（见表6-6和图6-1），其对行为响应的标准化总效应也最高（见表6-7），说明行为意向不仅发挥着从农户耕地撂荒行为认知到行为响应的中介效应，还可以直接促成农户耕地撂荒行为响应。因此，农户耕地撂荒行为在很大程度上取决于农户耕地撂荒行为意向，在赣南丘陵山区农户耕地撂荒行为调控中，不能仅依靠行政命令或"一刀切"式的简单方式，更应该关注农户耕地撂荒意向及其形成原因，才能有效提升耕地撂荒调控的总体效果和绩效水平。

农户耕地撂荒的行为态度、主观规范和知觉行为控制均在不同的显著性水平上存在两两相关关系（见表6-6和图6-1）。尽管农户耕地撂荒行为态度、主观规范和知觉行为控制及其观测变量均反映农户耕地撂荒认知层面不同维度的心理特质，但它们共同受到研究区农户人口特征、就业特征、环境特征的影响。例如，行为态度与知觉行为控制的相关系数达0.771且在1%的水平上显著，表明农户对耕地撂荒带来的负面影响认知与其对是否具备耕地撂荒的客观条件和能力（缺乏农业劳动力、具有非农就业机会、耕地种植存在客观障碍）的认知水平高度相关。对耕地撂荒的负面影响认知高的农户可能具有较高的受教育水平，那么其也会具有更多的非农就业机会，或因从事非农职业而导致该农户农业劳动力不足。又如，主观规范与知觉行为控制的相关系数为0.547且在1%的水平上显著，说明家人、村民、政府对耕地撂荒的干涉情况与农户对耕地是否具有耕地撂荒条件及能力的认知高度相关。对于耕地种植存在较多客观障碍的农户，村民可能因为了解这些种植障碍而较少干涉其撂荒行为。行为态度（AB）与主观规范（SN）的相关系数为0.463且在1%的水平上显著，说明农户对耕地的负面影响认知与其撂荒行为受他人干涉程度的认知具有相关关系，正是因为农户自身对耕地撂荒负面影响具有一定认知，当利益相关者对其撂荒行为进行干涉时才会做出积极响应。当然，以上例子仅仅是对三个潜变量之间具有相关关系的局部解释，其他因素导致的潜变量之间相关的原因与上述类似。总而言之，需要关注农户耕地撂荒认知各潜变量之间的相互影响，农户耕地撂荒调控政策也需要根据其相关关系及原因进行有效配合与衔接，才能有效提高农户耕地撂荒调控政策实施效果，从而有效遏制赣南丘陵山区农户耕地撂荒现象。

第四节 本章小结

本章在第五章农户耕地撂荒计划行为理论逻辑分析的基础上，运用结构方程模型、结合农户调研数据验证该理论对赣南丘陵山区农户耕地撂荒行为的适用性。研究结果表明，农户耕地撂荒行为态度、主观规范、知觉行为控制决定撂荒意向，撂荒意向直接决定撂荒行为，行为态度、主观规范、知觉行为控制共同受外生变量的影响而存在两两相关的关系，计划行为理论对于赣南丘陵山区农户耕地撂荒行为具有较强的解释力，遵循"外生变量—认知判断—意向选择—行为响应"的影响路径。具体如下：

第一，农户耕地撂荒行为可以运用计划行为理论进行解释，符合"外生变量—认知判断—意向选择—行为响应"行为逻辑。计划行为理论对于农户耕地撂荒行为具有解释力。农户耕地撂荒行为主要由农户耕地撂荒行为意向决定，同时意向选择主要受农户主观态度、行为规范、知觉行为控制三个前置变量的影响。知觉行为控制也会在一定程度上直接影响农户耕地撂荒行为。

第二，农户耕地撂荒行为态度主要包括对撂荒带来的经济、社会、环境影响的认知，总体上，农户对耕地撂荒的环境影响认知高于对经济、社会影响的认知。农户对耕地撂荒认知影响越全面，耕地撂荒行为发生的可能性就越低，行为态度对农户耕地撂荒行为响应有正向作用。

第三，农户耕地撂荒主观规范主要包括家人、村民、政府对耕地撂荒的干涉程度。就农户主观认知而言，政府对耕地撂荒的干涉程度强于家人、村民对耕地撂荒的干涉程度。然而，就干涉效果而言，家人、村民的干涉对农户的影响大于政府干涉对村民的影响。主观规范对农户耕地撂荒行为响应有正向作用。行为态度与主观规范在农户认知中形成非正式制度约束农户耕地撂荒行为，反映农户耕地撂荒行为受非经济理性因素的影响程度，反映了农户在耕地撂荒行为中的有限理性。

第四，农户耕地撂荒知觉行为控制主要包括农业劳动力情况、非农就业机会及耕地种植客观障碍，是三个外源潜变量中对撂荒行为意向影响最大的潜变量，体现了农户在涉及自身利益的关键问题上持有的极为务实、谨慎的态度。耕地种植存在客观障碍是影响农户知觉行为控制认知的最主要观测变量，其次是农业劳动力及非农就业机会。总体而言，知觉行为控制对农户耕地撂荒行为响应起正向作用。

第五，在实际控制条件充分的情况下，农户耕地撂荒行为意向对于撂荒行为具有决定作用。

第七章
基于计划行为理论的丘陵山区农户
显性耕地撂荒行为实证分析

上一章运用结构方程模型验证了计划行为理论在农户耕地撂荒行为中的适用性，表明计划行为理论对于赣南丘陵山区农户耕地撂荒行为具有较强解释力。根据计划行为理论，外生变量（本书中为人口特征、就业特征、环境特征）通过影响农户认知最终对农户行为产生影响。因此，在第六章机理验证的基础上，第七章、第八章将实证分析外生变量最终对撂荒行为产生的影响，并结合农户认知和计划行为理论进行剖析。

本章将分析影响农户认知的外生变量对耕地撂荒行为的影响。本书将一年及一年以上没有耕作乃至没有任何投入，导致耕地完全未利用，处于未知性荒芜状态的耕地定义为显性撂荒耕地。在农户行为层面，可以从撂荒行为与撂荒程度（包括撂荒规模和撂荒率）两方面来衡量。其中，耕地撂荒行为反映农户的参与情况，属于"是"与"否"的二元选择；农户耕地撂荒规模直观反映耕地撂荒面积大小；由于农户家庭经营耕地面积存在差异，反映农户耕地撂荒面积占承包地比重的耕地撂荒率更能够反映个体农户单元的相对撂荒程度。因此，本章将赣南丘陵山区样本农户的人口特征、就业特征、环境特征作为解释变量，定量分析其通过农户认知最终对农户耕地撂荒行为、耕地撂荒规模、耕地撂荒率的影响。

第一节 模型构建

一、Probit 模型

农户耕地是否撂荒是二分类变量，通常用 Logit 和 Probit 等离散选择模型分析此类问题。Logit 模型虽然是最早、使用最为广泛的离散选择模型，但其存在三个局限性：不能表示殖机口味的变化、暗含成比例的替代形式、不能处理不可观测因素在不同期间相关的情形。Probit 模型却可以解决这三个问题（聂冲、贾生华，2005），更适合分析主体效用最大化时的选择行为，因此本书采用 Probit 模型研究影响农户认知的变量对耕地撂荒行为的影响。

假设农户对耕地撂荒是与否的行为是相互独立的，构建如下模型。

$$Y^* = \beta X + \varepsilon \tag{7-1}$$

$$Y = \begin{cases} 1, & \text{if} \quad Y^* > 0 \\ 0, & \text{if} \quad Y^* \leq 0 \end{cases} \tag{7-2}$$

式（7-1）中，X 表示随机向量，ε 表示随机扰动项，服从正态分布。式（7-2）中，Y=1 代表农户存在显性耕地撂荒现象，即存在一年或一年以上没有任何投入与利用、处于未知性荒芜状态的耕地，Y=0 代表农户家中没有显性撂荒的耕地。农户耕地撂荒行为的二元 Probit 模型可以用下式表示。

$$p = \text{prob}(Y=1 \mid X=x) = \text{prob}(Y_i^* > 0 \mid x)$$

$$= \text{prob}\{(\varepsilon_i > -x_i\beta) \mid x\} = \Phi(x_i\beta) \tag{7-3}$$

式（7-3）中，Φ 表示标准正态累积分布函数，x 表示可观测到的解释变量，即反映农户人口特征、就业特征、环境特征的各个变量，β 表示 Probit 模型中的参数。

二、Tobit 模型

农户耕地撂荒规模可以直观反映农户耕地撂荒的面积大小，其概率分布是由一个离散点和一个连续分布组成的混合分布，即如果农户未撂荒耕地，则撂荒面积的最优解为边角解 0，如果有撂荒耕地，撂荒面积是取正值的连续变量。对于此类存在边角解的受限因变量，Tobit 模型可以更好地估计回归系数（李寒凝，2019）。Tobit 模型采用包含离散点的所有样本信息，在样本满足正态分布和同方差性的前提下，使用极大似然法（MLE）进行估计，可以避免普通 OLS 回归的有偏估计结果（陈强，2014）。相比于考察"是否参与撂荒"的 Probit 模型，Tobit 模型的优点在于不仅可以提供是否参与的决策信息，也可以考察"撂荒多少"的参与强度，同时反映未撂荒农户潜在的撂荒强度（Teklu and Lemi，2004）。Tobit 模型中农户耕地撂荒规模的影响因素回归模型设定如下：

$$Y_i^* = \alpha X_i + \varepsilon_i \tag{7-4}$$

$$Y_i = \begin{cases} Y_i^*, & \text{if} \quad Y_i^* > 0 \\ 0, & \text{if} \quad Y_i^* \leq 0 \end{cases} \tag{7-5}$$

式（7-4）中，Y_i^* 是耕地撂荒规模，用耕地撂荒面积表示，对于存在撂荒地的农户而言，Y_i^* 等于真实耕地撂荒面积 Y_i，对于没有耕地撂荒的农户，是反映撂荒意愿的指数；X_i 为农户耕地撂荒的影响因素，包括人口特征、就业特征、环境特征；α 为回归系数向量；ε_i 为服从正态分布的独立残差项。

农户耕地撂荒率是一个介于 0 到 1 的受限因变量，会存在偏选择问题，普通最小二乘法不适用于因变量存在切割或片段情况，基于最大似然法估计原理的

Tobit 回归模型能更好地估计回归系数（周华林、李雪松，2012）。因此，对耕地撂荒率的影响因素分析也采用适用于受限因变量的 Tobit 模型。农户耕地撂荒率的影响因素回归模型设定如下：

$$Y_i = \begin{cases} \sum_{i=1}^{n} \beta_i x_i + \mu, & \sum_{i=1}^{n} \beta_i x_i + \mu > 0 \\ 0, & \sum_{i=1}^{n} \beta_i x_i + \mu \leqslant 0 \end{cases} \qquad (7-6)$$

式（7-6）中，Y_i 代表第 i 个农户的耕地撂荒率，x_i 表示影响耕地撂荒率的各个影响因素，β_i 代表解释变量的回归系数，μ 为随机误差项，服从正态分布 $(0, \sigma^2)$。

第二节　实证分析

一、变量的描述性统计

本书基于计划行为理论选取了通过农户认知最终影响耕地撂荒行为响应的 3 组外生变量，分别是农户的人口特征、就业特征、环境特征变量，这 3 组变量一共包括 14 个具体可测度的变量；被解释变量包括从行为参与视角评价显性撂荒现象的耕地撂荒行为，以及描述撂荒程度的耕地撂荒规模及耕地撂荒率。各变量的描述性统计分析结果见表 7-1。

表7-1 变量的描述性统计

	变量名称	均值	标准差	最小值	最大值
被解释变量	耕地撂荒行为（1=是；0=否）	0.377	0.485	0.000	1.000
	耕地撂荒规模（亩）	0.610	1.236	0.000	10.000
	耕地撂荒率（%）	0.153	0.272	0.000	1.000
人口特征	平均年龄（岁）	45.326	11.969	15.000	70.000
	平均受教育程度（1~5分）	2.648	0.851	1.000	5.000
	家庭人口结构（%）	1.739	1.008	1.000	5.000
就业特征	家庭农业劳动力占比（%）	0.425	0.352	0.000	1.000
	家庭务工收入占比（%）	0.600	0.410	0.000	1.000
	村庄农业劳动力占比（%）	0.271	0.140	0.072	0.536
	党员数量（人）	0.330	0.638	0.000	3.000
环境特征	耕地面积（亩）	3.502	1.995	0.300	15.000
	地块数量（块）	7.411	5.975	1.000	40.000
	耕地质量（1~3分）	2.127	0.588	1.000	3.000
	通勤时间（分钟）	15.395	12.121	1.000	90.000
	灌溉条件（0=不能保证；1=能保证）	0.552	0.498	0.000	1.000
	野生动物破坏程度（1~5分）	3.265	1.369	1.000	5.000
	转出面积（亩）	0.873	1.448	0.000	8.000

注：本表由 Stata13.0 统计。

二、实证检验

为避免解释变量之间存在共线性导致回归结果失真，本书运用 SPSS17.0 中容忍度、方差膨胀因子、条件指数对自变量进行多重共线性检验，检验发现变量间多重共线性较弱，可以做回归分析（见表7-2）。

本书数据回归分析采用 Stata13.0 软件完成，实证回归结果见表7-3。其中，模型（1）为耕地撂荒行为（0=否；1=是）的二元 Probit 估计结果，旨在考察农户是否参与耕地撂荒行为的影响因素；模型（2）和模型（3）为耕地撂荒规模（亩）

表7-2　共线性诊断

自变量	容忍度	方差膨胀因子	条件指数
平均年龄	0.521	1.919	1.000
平均受教育程度	0.452	2.212	3.356
家庭人口结构	0.639	1.565	3.768
家庭农业劳动力占比	0.553	1.808	4.269
家庭务工收入占比	0.553	1.807	4.542
村庄农业劳动力占比	0.935	1.070	5.533
党员数量	0.811	1.233	5.960
耕地面积	0.676	1.478	7.322
地块数量	0.696	1.437	7.812
耕地质量	0.815	1.227	8.873
通勤时间	0.820	1.220	9.247
灌溉条件	0.865	1.156	11.727
野生动物破坏程度	0.836	1.197	13.855
转出面积	0.764	1.309	15.460

注：容忍度小于0.1为严重多重共线；方差膨胀因子大于5为严重多重共线；条件指数在10~30之间为弱共线。

和耕地撂荒率（%）影响因素的估计结果，旨在考察农户耕地撂荒程度的影响因素。卡方检验统计量 LR chi^2（14）是回归模型无效假设所对应的似然比检验量，自由度为14，Pribit > chi^2 是其对应的 P 值，Pseudo R^2 是准 R^2，可以用来检验模型对变量的解释力，并很好地衡量模型的拟合准确度。本研究中，模型（1）中，准 R^2 为0.2251，LR chi^2（14）= 183.69，对应的 P 值为0.000；模型（2）中，准 R^2 为0.208，LR chi^2（14）= 227.708，对应的 P 值为0.000；模型（3）中，准 R^2 为0.215，LR chi^2（14）= 196.25，对应的 P 值为0.000。表明三个方程系数（除常数项外）联合显著性很高。

表 7-3　农户显性耕地撂荒影响因素模型回归结果

解释变量	模型（1）耕地撂荒行为 Probit 模型		模型（2）耕地撂荒规模 Tobit 模型		模型（3）耕地撂荒率 Tobit 模型	
	估计系数	边际效应	估计系数	边际效应	估计系数	边际效应
平均年龄	-0.001	-0.000	-0.013	-0.013	-0.001	-0.001
教育水平	-0.132	-0.038	-0.582 ***	-0.582	-0.132 ***	-0.132
人口结构	0.189 **	0.055	0.260 *	0.260	0.051	0.051
家庭农业劳动力占比	-0.548 **	-0.159	-1.241 ***	-1.241	-0.418 ***	-0.418
家庭务工收入占比	0.382 **	0.111	0.611	0.611	0.148	0.148
村庄农业劳动力占比	-0.618	-0.180	-1.514 *	-1.514	-0.423 **	-0.423
家庭党员人数	-0.202 *	-0.059	-0.302	-0.302	-0.092 *	-0.092
耕地面积	0.191 ***	0.056	0.474 ***	0.474	0.080 ***	0.080
地块数量	0.022 *	0.006	0.047 **	0.047	0.007	0.007
耕地质量	-0.222 **	-0.065	-0.317	-0.317	-0.066	-0.066
通勤时间	0.014 ***	0.004	0.029 ***	0.029	0.007 ***	0.007
灌溉条件	-0.666 ***	-0.194	-1.368 ***	-1.368	-0.268 ***	-0.268
野生动物破坏程度	-0.111 **	-0.032	-0.291 ***	-0.291	-0.074 ***	-0.074
转出面积	-0.164	-0.048	-0.381 ***	-0.381	-0.113 ***	-0.113
Pseudo R^2	0.225		0.208		0.215	
chi^2	183.691		227.708		196.250	
Prob > chi^2	0.000		0.000		0.000	

注：*** 、** 、* 分别代表估计结果在 1%、5%、10% 的统计水平上显著。

表 7-3 回归结果显示，影响农户认知的各影响因素对耕地撂荒行为、耕地撂荒规模、耕地撂荒率的回归结果较为稳健。其中，主要通过知觉行为控制对耕地撂荒产生影响的因素大部分在耕地撂荒行为和耕地撂荒程度的回归中保持了高度一致性，例如家庭农业劳动力占比、耕地面积、通勤时间、灌溉条件、野生动物破坏程度等；主要通过行为态度和主观规范对显性撂荒产生影响的因素稳健性和显著性稍弱，仅对撂荒行为或撂荒程度产生影响，例如教育水平、人口结构、村庄农业劳动力占比、家庭党员人数等。结合实地调研情况，外生变量（即人口

特征、就业特征、环境特征）通过农户认知对赣南丘陵山区农户显性耕地撂荒行为的影响分析如下。

1. 通过知觉行为控制对显性撂荒的影响

外生变量对显性耕地撂荒的回归结果（见表7-3）表明，人口结构、家庭劳动力占比、务工收入占比、耕地面积、地块数量、耕地质量、通勤时间、灌溉条件、野生动物破坏程度通过知觉行为控制，即通过农户对耕地种植客观障碍、非农就业机会、家庭农业劳动力充裕程度认知，对显性耕地撂荒产生的影响与第五章第五节中的分析相一致。

人口特征中，平均年龄对显性撂荒的影响并不显著，与第五章第五节的预期并不相符，这可能与城市"用工荒"情况下非农行业对农村劳动力就业年龄限制放宽有关。此外，年龄大的农村劳动力还可转向餐饮等对体力要求不高的服务性行业，这使得家庭劳动力平均年龄通过知觉行为控制对撂荒产生的影响弱化。家庭人口结构分别在5%和1%的水平上对撂荒行为和撂荒规模起到正向促进作用，这主要是因为消费人口与劳动人口比例的增加意味着单位劳动力负担人口的增加，激发了农户外出务工谋求更高收入来负担消费人口的行为动机。彭柳林等（2018）运用耕地劳动力承载力保障规模测算模型得出，江西省平均农业劳动力承载量保障规模为0.46公顷，意味着当务农平均收入等于满足其负担人口（含本人）基本生活需要支出时，每个农业劳动力所需耕地面积为6.9亩[①]，这一数值还将随着居民生活水平提高而上升。但《赣州统计年鉴（2018）》数据显示，赣州丘陵山区劳均耕地面积仅3.95亩，远远达不到满足农业劳动力及其负担人口所需的耕地面积，这为人口结构与显性撂荒的显著正相关关系提供了解释。

---

① 据江西省统计局监测显示，2015年江西省农村居民人均消费支出为8486元，劳均人口负担比为1.42。数据来源于《2015年各地区城乡居民人均可支配收入和消费支出》，参见http：//www.jxstj.gov.cn/News.shtml？p5＝8847083。

就业特征中，家庭农业劳动力占比分别在5%、1%、1%的显著性水平上对撂荒行为、撂荒规模、撂荒率起到负向作用。农业劳动力不足是耕地撂荒的直接原因（李升发、李秀彬，2016），对于因残、因病等使农业劳动力绝对数量不足导致的撂荒，可以通过土地流转、雇佣劳动力、机械替代等方式来缓解；对于因劳动力配置导致的农业劳动力不足，可以通过增加本地非农就业机会来缓解，农村大量兼业户的存在说明了这一点。由于农业比较收益持续降低，对于大多数农户而言，家庭经济收入的主要来源——务工成为农户主业，务农成为务工之余的兼业行为，当农户在时间与地域上能够同时兼顾务工与务农时，耕地能够得到耕作，显性耕地撂荒现象能够得到避免，因此为农户创造本地非农就业机会尤为重要。但这并不能排除具有稳定非农收益的"非农化"离土农户的耕地撂荒现象，此时耕地流转是遏制此类农户耕地撂荒的有效措施。家庭务工收入占比在5%的显著性水平上促进耕地撂荒行为的发生，体现了显性撂荒中农户的经济理性行为。根据理性小农观点，当农业收入低于其机会成本即务工收入时，撂荒务工是农户的理性选择。有研究表明，在赣南丘陵山区人均耕种12.9亩耕地，才能实现务农收入等于进城打工收入（彭柳林等，2018），显然这在当前赣南农村中并不实际。

环境特征中，地块数量、耕地质量、通勤时间、灌溉条件、野生动物破坏程度均在不同的显著性水平上对撂荒行为、撂荒规模或撂荒率产生影响，且影响方向与显性撂荒诊断中撂荒地随环境特征的分布规律相一致，说明良好的耕作条件可以有效遏制撂荒现象的发生。耕地面积在1%的显著性水平上对撂荒行为、撂荒规模、撂荒率均产生正向影响，这与耕地面积的增加有利于规模经营、实现规模效应的观点不一致，这主要是由于家庭联产承包责任制下，农户家庭经济耕地整体面积较小、农户中相对"大"的耕地也无法实现规模经营效益所致。由表7-1可见，样本农户户均承包耕地面积3.502亩，还包括可达性差、易受灾等不可利用耕地（见图7-1），在耕地规模限制农户对耕地期望值的情况下，耕地面积增大了显性撂荒的发生概率和程度。耕地转出在1%的显著性水平上对撂荒行为、撂荒规模、撂荒率均呈负向作用，表明耕地流转是遏制撂荒的有效手段之一。

（a）易受野生动物侵扰耕地无法利用　　　（b）道路通达性差的耕地无法利用

（c）零散小面积细碎耕地利用价值低　　　（d）季节性水淹地无法利用

图7-1　耕地种植客观障碍实拍图

2. 通过行为态度和主观规范对显性撂荒的影响

从表7-3可见，教育水平、家庭农业劳动力占比、村庄农业劳动力占比、家庭党员人数、转出耕地通过行为态度和主观规范对显性撂荒产生的影响与第五章第五节中机理分析的预期相一致。其中，农户家庭劳动力的教育水平与撂荒规模、撂荒率在1%的水平上呈显著负相关，体现了教育水平对农户认知的积极作用；家庭农业劳动力占比可以反映农户家庭的耕作经验，从而对撂荒的负面影响有更全面的了解；村庄劳动力占比、党员身份、转出耕地面积分别或共同影响行为态度或主观规范，依次影响对显性撂荒的认知、意愿和行为。

在农户耕地撂荒的案例中，行为态度主要通过强化农户对耕地撂荒的负面影响认知，从而在农户群体中形成合理有效利用土地的价值观念和行为规范，对农户耕地利用行为起认知层面的内部约束作用。主观规范主要通过利益相关者对农户行为施加的外部压力影响其土地利用行为，对耕地撂荒起非正式的外部约束作用。本质上，行为态度和主观规范在农户耕地利用行为中形成非正式制度约束，通过其本身特有的"遗传"机制促进农户合理利用土地的内、外部约束条件形成（道格拉斯·C. 诺思，2008）。尤其是在中国农村，正式制度较为薄弱，非正式制度作为辅助在土地资源配置中起着"看不见的手"的作用（张继焦，1999），农户有意识或无意识地按照约束条件的要求行动，减少了耕地利用与调控中的不确定性和交易成本（Buchanan，1986）。

与正式制度不同，行为态度和主观规范分别通过农户内在的自觉自省和外部的舆论褒奖对农户行为产生约束力，存在于农户的内心信念与农村社会的风俗习惯之中，主要依靠农户内在的自觉、道德和自我约束来维持，是一种自我实施机制。由于强制力的缺失，主观规范与行为态度对农户耕地撂荒的约束作用并不具备外显性的特征，其作用发挥是由浅入深、缓慢渐进的，表7-3中教育水平、家庭党员人数等因素的弱显著性回归结果也验证了这一点。然而，当主观规范、行为态度与遏制耕地撂荒的政策相一致时，它在意识形态等精神层面让农户主动接受土地利用政策的约束，可以大大降低政府对耕地撂荒现象的规制成本，因此提升农户教育水平、加大党员农户宣传力度、在村庄内形成良好的耕作氛围等措施是有助于耕地撂荒治理的长期基础性工作的。

与耕作条件及非农就业密切相关的知觉行为控制相比，家庭党员人数等因素通过行为态度与主观规范对农户耕地撂荒的作用则相对有限。由表7-3可见，对行为态度产生重要影响的农户教育水平对农户的撂荒行为决策并不产生显著影响，仅对撂荒程度产生影响，与主观规范密切相关的村庄农业劳动力占比也是如此。家庭党员人数也仅在10%的显著性水平上对撂荒行为和撂荒率产生影响。

这与第六章农户行为态度、主观规范对耕地撂荒行为响应的影响弱于知觉行为控制的影响相一致。这说明与实际控制条件和农户切身利益密切相关的知觉行为控制，在农户耕地撂荒认知形成过程中起主要作用，行为态度和主观规范作为非正式制度，主要通过农户内在的自觉、道德等来自我约束耕地撂荒行为，反映了农户耕地撂荒行为中的非经济理性，与知觉行为控制相比，在撂荒认知的形成过程中起次要作用。

第三节　本章小结

本章基于计划行为理论中影响农户认知的外生变量会对耕地撂荒行为响应产生影响的思路，从赣南丘陵山区人口特征、就业特征、环境特征选取影响农户撂荒认知的影响因素，对农户显性耕地撂荒行为及撂荒程度进行实证分析。研究结果如下：

第一，在农户认知的三个模块中，通过知觉行为控制对耕地撂荒产生影响的因素，在撂荒行为及撂荒程度的回归模型中结果较稳健，通过行为态度和主观规范产生影响的因素对耕地撂荒行为及撂荒程度的影响相对有限，显著性也较弱，反映了与农户实际切身利益显著相关的控制条件在农户耕地撂荒决策中的重要性，这也与第六章知觉行为控制对耕地撂荒行为意愿及行为响应的路径系数值最大的研究结果相一致。

第二，在影响农户认知的外生影响因素中，教育水平、家庭农业劳动力占比、村庄农业劳动力占比、家庭党员人数、耕地质量、灌溉条件、野生动物破坏程度、转出面积对显性撂荒具有显著负向影响，人口结构、家庭务工收入占比、耕地面积、地块数量、通勤时间对显性撂荒具有显著正向影响。

第八章

基于计划行为理论的丘陵山区农户
隐性耕地撂荒行为实证分析

显性耕地撂荒与隐性耕地撂荒是耕地撂荒的两种表现形态，共同表达土地利用转型的多维复杂特点和综合性特征（张佰林等，2018）。本章将对农户认知影响因素对隐性耕地撂荒的影响进行实证分析。与显性撂荒在一定时间内耕地完全不利用的表现形式不同，隐性耕地撂荒主要描述耕地的非完全利用状态，描述耕地收益、利用程度等由多到少的演化过程。为更加全面分析农户隐性耕地撂荒主要表现形态发生、演化的行为机理，本章将运用分位数回归模型分别对隐性耕地撂荒不同表现形态在轻度、中度、重度水平的影响因素进行分析。

第一节　模型构建

传统的回归模型着重考察解释变量 x 对被解释变量 y 的条件期望 E（y | x）的影响，描述了因变量条件均值的变化，研究的是被解释变量的条件期望，实际

上是均值回归。条件期望 E（y│x）只是刻画条件分布 y│x 集中趋势的一个指标而已，并不能反映 x 对整个条件分布 y│x 的影响。如果条件分布 y│x 不是对称分布，则条件期望 E（y│x）很难反映整个条件分布的全貌。若使用 OLS 的古典均值回归，由于最小化的目标函数为残差平方和（$\sum_{i=1}^{n} e_i^2$），容易受到极端值的影响。如果能够估计出条件分布 y│x 的若干重要的条件分位数，就能对条件分布 y│x 有更全面的认识。

Koenkerand Bassett（1978）提出"分位数回归"（Quantile Regression，QR），使用残差绝对值的加权平均（比如 $\sum_{i=1}^{n} |e_i|$）作为最小化的目标函数，不容易受到极端值的影响，较为稳健。更重要的是，分位数回归还能提供关于条件分布 y │ x 的全面信息（陈强，2014）。在隐性耕地撂荒的案例中，分位数回归可以用下式表示。

$$Q_\theta（RFA│X）= X'\beta_\theta + \varepsilon_\theta \tag{8-1}$$

上式中，X =（X_1，X_2，…，X_p）′为外生向量变量；误差项 ε 的条件 θ 分位数等于 0，即 P（ε<0；X_1，X_2，…，X_p）=θ，0<θ<1；Q_θ（RFA│X）表示在 X 给定的条件下 RFA 的 θ 条件分位数；β_θ 为参数向量。如果样本为（RFA_i，X_i）（i=1，2，…，n），其估计量 β_θ 可以由以下最小化问题来定义。

$$\min_\beta \left[\sum_{i:RFA_i \geq X_i'\beta} \theta |RFA_i - X_i'\beta| + \sum_{i:RFA_i \geq X_i'\beta} (1-\theta) |RFA_i - X_i'\beta| \right] \tag{8-2}$$

可见，分位数回归比均值回归更不易受到极端值的影响，故更加稳健。分位数回归可以有效拟合隐性耕地撂荒各影响因素与分位数之间的线性关系，得到各因素在不同隐性耕地撂荒水平的估计参数。基于计划行为理论框架下隐性耕地撂荒的影响因素指标体系（见表 5-1），构建如下模型。

$$RFA = \beta_0 + \sum \beta_d D + \sum \beta_c O + \sum \beta_e E \tag{8-3}$$

其中，RFA 为隐性耕地撂荒的表现指标，分别为耕地集约度和复种指数，D 代表农户人口特征，O 代表就业特征，E 代表环境特征。

第二节 实证分析

一、指标选取与描述性统计

隐性耕地撂荒描述耕地利用程度、方式、目标、效益等的变化，例如土地利用集约度、农作物种植面积、土地用途转移、土地经营制度改变等的变化，突出表现为减少生产投入、降低复种指数、不求效益但求自足等粗放利用现象（马强，1997）。因此，耕地在隐性撂荒过程中的典型表现特征可以作为衡量隐性耕地撂荒程度的主要诊断依据。结合数据可得性及方法可操作性，本书将集约度指标与复种指数指标作为诊断隐性耕地撂荒的判断指标。

耕地利用集约度的计算运用德国农业经济学家 T. Brinkmann 提出的计算方法，与第四章第二节中耕地集约利用度的计算方法类似，本章不再赘述。复种指数是一个地区一年内作物播种面积与耕地面积的百分比，表示一年内同一地块上连续种植农作物的次数（沈学年、刘巽浩，1983），可以反映复种程度的高低，用来比较不同生产单位之间耕地的利用情况，是评价耕地资源耕作基本情况的重要指标（卞新民、冯金侠，1999）。复种指数计算方法如下：

复种指数 = 全年播种作物的总面积÷耕地总面积×100%

被解释变量，即反映隐性耕地撂荒的耕地集约度、复种指数的描述性统计如表 8 - 1 所示，解释变量的描述性统计如表 5 - 1 所示，此处不再赘述。

表 8－1 隐性耕地撂荒指标的描述性统计

变量名称	均值	标准差	最小值	最大值
耕地集约度（元／亩）	517.51	543.86	0.00	2800.00
复种指数（%）	130.36	82.74	0.00	400.00

二、实证检验

首先，运用 SPSS12.0 软件进行 Kolmogorov－Smirnov 检验，判断被解释变量是否符合正态分布，进而判断 OLS 回归的适用性。从表 8－2 可见，表示隐性耕地撂荒程度的 2 个指标，耕地集约度、复种指数的渐进显著性均为 0.000，小于 0.05，拒绝原假设"样本服从正态分布"。因此，OLS 不适用于本书的分析，运用分位数进行回归分析得到的系数估计量会更加稳健，也能够更加全面地描述隐性耕地撂荒条件分布的全貌。

表 8－2 被解释变量的 Kolmogorov－Smirnov 检验

		耕地集约度	复种指数
N		616	616
正态参数	均值	517.513	1.304
	标准差	543.860	0.827
最极端差别	绝对值	0.171	0.215
	正	0.122	0.215
	负	−0.171	−0.089
Kolmogorov－Smirnov Z		4.236	5.326
渐进显著性（双侧）		0.000	0.000

注：检验分布为正态分布。

值得说明的是，利用截面数据对反映隐性耕地撂荒的各指标分别进行影响因素分析，与耕地生产性投入相关的变量可能会在耕地集约度回归模型中产生内生性问题。部分研究直接选取劳动力投入等变量代表耕地生产性投入，因滞后项的缺失，无法严格证明劳动力投入与耕地集约度的先后发生顺序，可能存在互为因果而导致内生性问题。然而，在计量模型中直接删除反映农业劳动力投入变量来规避内生性是不可取的，因为两者都是影响耕地撂荒决策的重要变量，直接删除会带来更为严重的遗漏变量问题。由于数据限制，在缺乏有效工具变量也无法在时间上前置劳动力投入的情况下，本书在解释变量选取中放弃采用劳动力投入这个直接与耕地投入有关的变量，参考刘西川（2007）尽可能选取不具备争议性的代理变量的做法，采用农业劳动力投入占比作为解释变量带入回归模型，以期在数据结构的限制下最大程度地避免内生性问题（李寒凝，2019）。农业劳动力占家庭总劳动力的比例指标对劳动力投入做了结构转换，代表劳动力投入的结构，由劳动力素质等外生因素决定，可以认为在耕地集约度的回归模型中，农业劳动力占比是外生变量。

基于 Stata13.0 软件对隐性耕地撂荒进行分位数回归分析，通过自助法估计参数，重复抽样 400 次。根据何军（2011）的研究经验，在极低分位数和极高分位数上的回归系数估计非常不准确（葛玉好、曾湘泉，2011），故本书选择 0.75、0.50、0.25 三个经典分位点，分别表示隐性耕地撂荒的轻度、中度、重度水平，然后在每一个自助样本下联立估计 θ 分别等于 0.25、0.50、0.75 的分位数回归模型，得到 3 个方程全部回归系数估计量的协方差矩阵。作为参照，本书同时列出 OLS 回归的估计结果。下面将分别分析人口特征、就业特征、环境特征对隐性耕地撂荒的影响。

1. 人口特征对隐性耕地撂荒的影响

分位数回归中，不同分位数下各解释变量的回归系数估计量存在差异，意味着各影响因素对不同程度隐性撂荒的影响有差异。由表 8 - 3 可见，劳动力平均年龄、教育水平、人口结构在不同集约化和复种指数水平上具有不同的影响。为更直观地观测各变量在不同隐性撂荒水平上的影响，运用 Stata13.0 画出人口特征变量随分位数变化的系数图作为参考（见图 8-1）。

表 8-3　人口特征对隐性耕地撂荒的分位数回归结果

解释变量	OLS	QR_25	QR_50	QR_75
耕地集约度				
平均年龄	-3.654	-3.159**	-4.584**	-4.817
教育水平	64.873*	5.778	26.530	103.938
人口结构	-73.543***	-25.638	-45.023*	-45.454
复种指数				
平均年龄	-0.004	0.001	-0.003	-0.005
教育水平	0.109**	0.131*	0.119	0.103
人口结构	-0.069*	0.005	-0.056	-0.042

注：***、**、* 分别代表估计结果在 1%、5%、10% 的统计水平上显著。

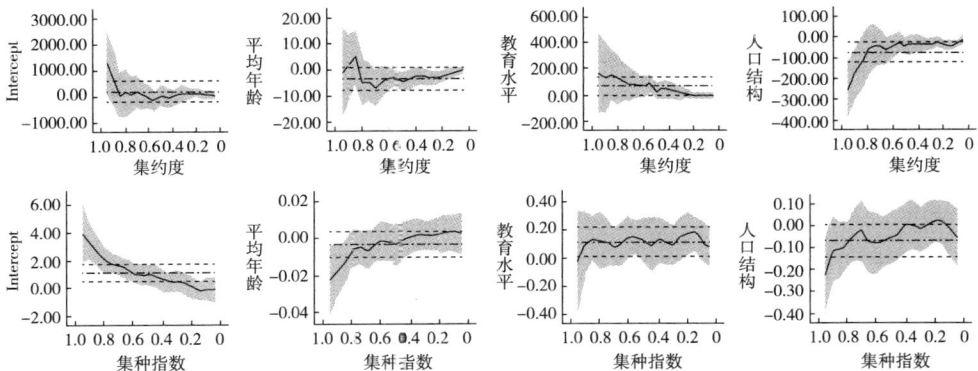

图 8-1　人口特征变量系数变化趋势图

注：上图展示了各影响因素回归系数随分位数的变化。从左至右为各影响因素的分位数回归系数从隐性耕地撂荒初期到后期的变化趋势。图中阴影部分表示置信区间，阴影部分越宽，表示系数估计值的标准误差越大。下同。

由表 8-3 和图 8-1 可见，平均年龄对隐性撂荒的影响显著体现在对轻度、中度耕地集约度水平的抑制作用。尽管老龄农户务农机会成本较低，具有更加丰富的耕地种植经验与种植意愿，但农户的体力、对新技术的采纳意愿与接受程度却会随着年龄增长而减弱，导致耕地集约化程度降低，并突出表现在低度、中度的耕地集约化阶段。结合前文研究中平均年龄对显性耕地撂荒的影响，可知老龄农户虽然不会将耕地全年撂荒，但对耕地的投入和利用程度却更低，这也说明了隐性耕地撂荒更多发生于老龄农户中。教育水平对隐性撂荒的影响主要体现在对低耕地复种指数水平的提升作用，这是因为教育水平的提高不仅有助于提升农户对耕地撂荒负面影响认知，强化耕地利用与保护的信念，还可以促进农户对新型农业技术的吸收和应用、通过科学的间作套种等耕作技术提高耕地复种指数和粮食产量。人口结构对隐性撂荒的影响体现在对中度集约化水平的抑制作用。人口结构决定了家庭经济活动规模的上限与下限（A. 恰亚诺夫，1996）。随着家庭生命周期变化，家庭人口结构中消费者数量与劳动者数量比率不断变化调整，农户家庭所面临的经济压力也随之变化（袁明宝，2014）。当家庭消费者数量等于劳动者数量时，家庭经济压力最小；随着消费者数量增加，农业生产经营无法满足增加的家庭经济压力，家庭经济活动重心将逐渐由农业生产转向非农就业，耕地集约度随之下降。

2. 就业特征对隐性耕地撂荒的影响

在就业特征变量中，家庭农业劳动力占比对耕地集约度水平产生显著正向作用（见表8-4）。在家庭联产承包责任制及按人口均分土地的背景下，家庭农业劳动力占比的提高增加了单位耕地的劳动力投入，对耕地集约度水平的提升提供了劳动力支持。相反，农业劳动力的缺失，使得农村中的科技示范和推广出现了断层，阻碍耕地投入和技术水平提高，耕地资源难以得到充分利用与优化配置。由图8-2可见，家庭农业劳动力占比的影响随着隐性撂荒程度的加深而减弱，说明在隐性撂荒初期采取替代或增加农业劳动力的措施可取得最佳效果。

表 8 - 4 就业特征对隐性耕地撂荒的分位数回归结果

解释变量	OLS	QR_ 25	QR_ 50	QR_ 75
耕地集约度				
家庭农业劳动力占比	354.334***	194.847***	408.662***	410.104***
家庭务工收入占比	-114.412*	-42.192	9.227	-144.922
村庄农业劳动力占比	257.101*	-45.678	413.709**	833.798**
家庭党员人数	-16.114	-5.994	-26.350	-60.313
复种指数				
家庭农业劳动力占比	0.324***	0.010	0.169	0.093
家庭务工收入占比	-0.367***	-0.202*	-0.365**	-0.433**
村庄农业劳动力占比	0.468**	0.247	0.590*	0.341
家庭党员人数	-0.015	0.013	0.026	-0.089

注：***、**、*分别代表估计结果在1%、5%、10%的统计水平上显著。

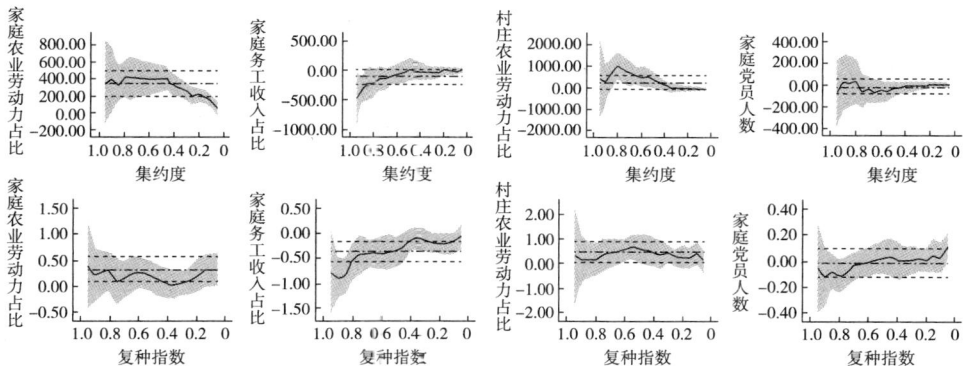

图 8 - 2 就业特征变量系数变化趋势图

务工收入占比对隐性撂荒的影响显著体现为对复种指数的负向作用，务工收入占比越高，耕地复种指数越低。结合第七章显性撂荒回归结果，可知务工收入占比对隐性撂荒的影响更加显著，这也说明农户非农就业对撂荒的影响是渐进的过程。由图 8 - 4 可见，务工收入占比的影响程度随着撂荒程度加深而减弱，因此通过提高农业收益来遏制隐性撂荒的措施在轻度隐性撂荒阶段可以获得最佳效果。

村庄农业劳动力占比在中度、高度集约利用水平和中度复种水平上均起不同程度的促进作用，说明村庄良好的耕种环境需求对村民产生的外部压力、对隐性耕地撂荒具有显著抑制作用，但该抑制作用是以赣南丘陵山区耕地分散化小农经营方式为背景的，因为在该制度下农户相邻耕地的耕作需要拥有该耕地的农户参与。这也说明农业劳动力占比较大的村庄保持有良好的耕作传统，通过形成有效利用耕地的主观规范对农户隐性撂荒行为起一定的外部制约作用。

3. 环境特征对隐性耕地撂荒的影响

在环境特征变量中，耕地面积对隐性撂荒的影响体现为对集约度的显著正向促进作用，且影响程度随着隐性撂荒程度加深而减弱（见表 8 - 5）。值得注意的是，耕地面积与集约度的正向关系似乎与上一章耕地面积与显性撂荒呈正相关的研究结论相矛盾，这可能是农户倾向于将差等地、通勤时间久的耕地撂荒，在好地和离家近的耕地上增加耕地投入所致。在按耕地质量等级与农户家庭人口平均分配土地的制度下，不同承包地规模的农户均有一定比例的好地与差地，非农收入的增加使得农户对耕地依赖性降低，因此许多农户将差地撂荒。从第四章第一节图 4 - 2 中可见，在农户显性撂荒耕地中，差地面积高达 48.23%，而经营耕地中差地面积仅占 9.33%。表 7 - 3 中耕地质量与显性撂荒行为的显著负相关关系也验证了这一推论。

表 8 − 5 环境特征对隐性耕地撂荒的分位数回归结果

解释变量	OLS	QR_ 25	QR_ 50	QR_ 75
耕地集约度				
耕地面积	24.831 **	31.545 ***	41.478 ***	62.615 **
地块数量	7.559 *	2.344	4.908	3.578
耕地质量	59.330	12.825	39.138	65.584
通勤时间	− 2.579	− 1.229	− 0.176	− 3.518
灌溉条件	− 34.551	6.884	− 7.723	− 47.150
野生动物破坏程度	43.405 ***	16.416 *	30.238 *	49.388
转出面积	− 79.713 ***	− 45.430 ***	− 86.702 ***	− 106.778 ***
复种指数				
耕地面积	0.008	− 0.007	0.043	0.048
地块数量	− 0.002	− 0.003	− 0.003	− 0.004
耕地质量	0.038	0.029	− 0.022	0.004
通勤时间	− 0.003	− 0.001	− 0.001	− 0.004
灌溉条件	0.157 **	0.071	0.243 ***	0.233 **
野生动物破坏程度	0.044 *	0.034	0.026	0.023
转出面积	− 0.158 ***	− 0.076 **	− 0.174 ***	− 0.230 ***

注：*** 、** 、* 分别代表估计结果在1% 、5% 、10% 的统计水平上显著。

此外，灌溉条件对隐性撂荒的影响体现在对中、高复种水平的促进作用，野生动物破坏程度的影响体现在对低、中集约水平的抑制作用，这与良好耕作条件促进耕地利用的预期相符。与上一章显性撂荒回归结果对比发现，耕地质量等耕作条件变量对显性撂荒影响显著，但对隐性撂荒影响不显著，这可能是在隐性撂荒较为普遍的情况下，就个体农户而言，其对好地、差地的利用程度差别不大、普遍较低所致。

耕地转出体现了耕地利益相关者对撂荒耕地的干预，主要通过行为规范影响农户的耕地撂荒行为。将耕地转出的农户通常对耕地依赖性较弱，因此转出耕地面积与耕地集约度和复种指数均呈显著负相关。由图 8 − 3 可见，耕地转出面积对耕地集约度、复种指数的回归系数绝对值随着分位数减少而降低，意味着耕地

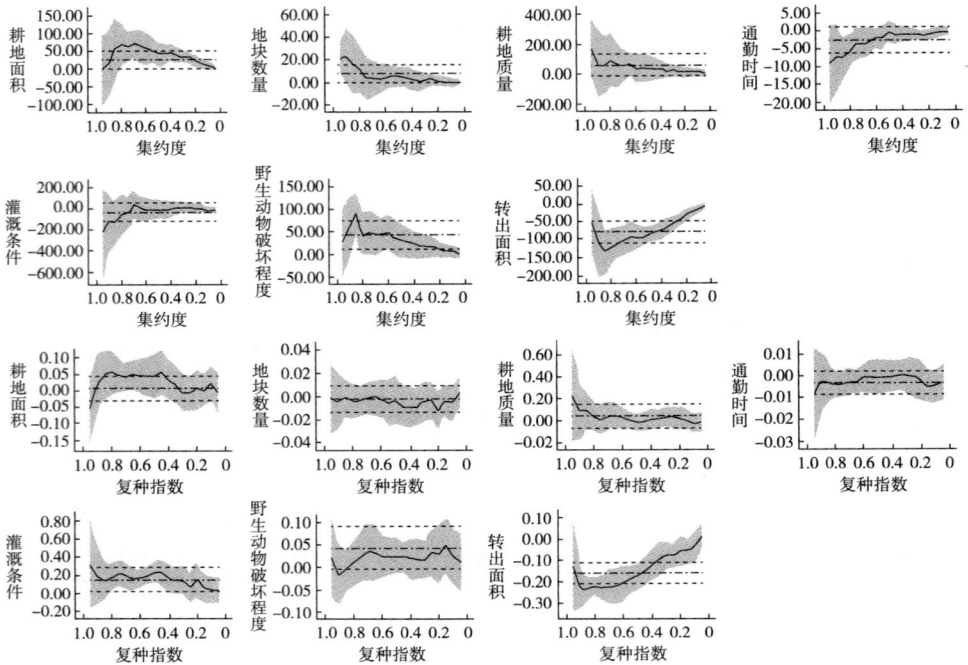

图 8 - 3　环境特征变量系数变化趋势图

转出对撂荒的影响随着隐性撂荒程度的加深而减弱，这可能是因为重度隐性撂荒耕地土壤退化、植被覆盖更加严重，复垦需要更多的经济成本与时间投入。因此，完善动态耕地监测、管理制度，在隐性耕地撂荒发生初期及时介入、引导农户转出耕地，可以取得更好的遏制撂荒效果。

第三节　本章小结

基于计划行为理论中外生变量会通过农户认知最终影响撂荒行为的观点，本章选取隐性耕地撂荒的典型表现形态，即耕地集约度和复种指数作为被解释变量，选取 0.25、0.50、0.75 三个分位点分别表示重度、中度、轻度隐性撂荒水平，运用分位数回归模型实证分析外生变量对隐性耕地撂荒行为的影响。研究结论如下：

第一，除家庭党员人数、地块数量、耕地质量、通勤时间外，人口特征、就业特征、环境特征的其他变量通过作用于农户耕地撂荒的行为态度、主观规范或知觉行为控制，分别对不同水平的耕地集约度和复种指数产生不同程度的影响。在隐性耕地撂荒的调控过程中，应根据其所处的阶段与表现，因时制宜采取针对性应对措施。

第二，影响因素在不同分位数的估计系数反映了各变量在不同阶段对隐性撂荒的影响程度，为采取相应措施的时机提供了参考。通过系数变化趋势图，可以发现在隐性撂荒各程度均具有显著影响变量的回归系数绝对值随着分位数的下降而降低，意味着其影响随着撂荒程度加深而减弱。因此，完善耕地动态监测管理制度，对隐性耕地撂荒现象做到早发现、早干预，可以取得更好的遏制撂荒效果。

第九章
主要结论与政策启示

第一节　研究结论

本书以农户有限理性假设为耕地撂荒行为分析的逻辑起点，在系统梳理耕地撂荒机理研究及农户行为理论相关文献基础上，界定了农户、显性撂荒、隐性撂荒的概念，从耕地撂荒的不同表现形态分析赣南丘陵山区耕地撂荒程度、范围、时空格局等，并探索建立农户耕地撂荒的计划行为理论逻辑分析框架，依次分析行为态度、主观规范、知觉行为控制、影响农户认知的外生变量对农户撂荒意愿及行为的影响，并运用结构方程模型验证计划行为理论对农户耕地撂荒行为的适用性。在机理验证的基础上，对基于计划行为理论的赣南丘陵山区显性和隐性耕地撂荒行为进行实证分析。主要研究结论如下：

第一，赣南丘陵山区耕地撂荒现象呈现高发、多发的趋势。在显性撂荒诊断中，从撂荒户与撂荒面积两个层面测度的撂荒率分别达到 36.69% 和 17.50%，高于全国山区县 14.32% 的平均撂荒率。隐性撂荒诊断发现，近年赣南丘陵山区耕地利用"广种薄收"的隐性撂荒现象明显，呈现出播种面积减少、复种指数下降、阶段性耕地收益下降和集约度降低的特征，尤其是 2015 年以来粮食总产量增幅大幅滞后于耕地面积增幅，新增耕地存在重数量、轻质量的现象。

第二，计划行为理论对农户耕地撂荒行为具有较强的解释力。农户耕地撂荒行为体现了农户行为的有限理性观点，即农户撂荒行为不仅出于对收益最大化的经济理性追求，同时受到行为态度、主观规范等非经济理性因素的影响，具有社会学、心理学特征。总体上，耕地撂荒行为遵循"外生变量—认知判断—意向选择—行为响应"的行为形成逻辑。农户耕地撂荒认知的三个潜变量，即行为态度、主观规范、知觉行为控制，决定农户耕地撂荒意愿的形成，农户撂荒意愿决定农户的撂荒行为，影响认知的外生变量最终对撂荒行为产生影响。

第三，行为态度反映农户对耕地撂荒负面影响的认知，农户对撂荒负面影响认知程度越深，则对撂荒意愿和行为越消极；主观规范反映农户对撂荒行为受到的外界压力认知，利益相关者对撂荒的干涉程度越强，农户的撂荒意愿和行为越弱；知觉行为控制反映农户对撂荒实际控制条件的认知，农户对非农就业、劳动力等控制信念越强，则撂荒意愿和行为越强。知觉行为控制体现了促进或阻碍农户耕地撂荒行为的实际因素，行为态度和主观规范在农户耕地利用行为中起非正式制度的作用，分别通过农户内在的自觉自省、外部的舆论褒奖对农户撂荒行为产生约束力。知觉行为控制对撂荒意愿和行为的影响大于行为态度、主观规范的影响，结构方程模型的路径系数也验证了这一点。

第四，基于计划行为理论的显性、隐性撂荒实证分析表明，通过知觉行为控制对撂荒行为产生影响的外生变量（例如家庭务工收入占比、耕地面积等），其影响较显著，回归结果更加稳健；通过行为态度、主观规范影响撂荒行为的外生变量（例如教育水平、党员人数等），其对耕地撂荒的影响程度较弱，回归结果稳健性稍弱。此外，外生变量对隐性撂荒的影响随着撂荒程度的加深而减弱。

第二节　政策启示

农户耕地撂荒行为机理研究的实践价值在于通过对撂荒行为特征的分析，提出科学有效的政策措施，在遵循农户意愿、保证农户利益的基础上引导农户合理利用耕地，缓解、遏制耕地撂荒现象。根据上述研究结论，本书得到如下政策启示。

第一，由于不同质量的耕地具有不同的边际收益与边际成本，因此需要根据地块质量采取差别化耕地管理策略。对于地力高、耕作条件较好的优质耕地撂荒，通过土地流转、恢复耕种等方式采取明确的耕地复耕措施；对于自然条件较好，但是因灌溉、交通等基础设施因素撂荒的次优耕地，通过农田整治和完善耕地配套设施等措施消除限制耕作的因素，尽量避免撂荒；对于地力差、偏远、细碎、易受灾等利用价值低的劣质耕地，则采取顺应撂荒的策略，通过自然植被恢复发挥生态功能价值。

第二，外出务工使得大量农业劳动力因地域限制无法兼顾耕地种植而撂荒，因此增加农村劳动力本地非农就业机会可有效遏制因外出务工导致的撂荒现象。通过建立农业生产基地、延长农业产业链、支持农民工返乡创业、鼓励园区企业到乡镇布点等措施增加农户的本地非农就业机会，帮助农户实现家门口就业，使其能够同时兼顾非农就业与耕地生产，缓解因劳动力配置导致的农业劳动力不足，减少耕地撂荒现象。

第三，实证分析表明，环境特征等外生变量对隐性撂荒的影响程度随着撂荒程度加深而减弱，因此在耕地撂荒初期及时采取防治措施尤为重要。完善耕地利用动态监测机制，对耕地撂荒规模、撂荒率、耕地产出、播种面积等进行统计监测，准确掌握耕地撂荒程度，以便在轻度撂荒初期及时采取相应措施进行干预，不仅可以取得更好的防治效果，也能有效防止耕地撂荒现象蔓延。

第四，撂荒诊断表明，当前研究区新增耕地中重数量、轻质量倾向明显，因此在耕地评估工作中，应该将耕地利用质量和效率纳入其中。明确耕地质量评价指标，建立客观的耕地质量评价标准，丰富耕地质量评价成果，确保粮食综合生产能力不降低，杜绝耕地管理工作中重数量、轻质量的现象，缓解隐性耕地撂荒现象。

第五，由于耕地撂荒行为态度显著影响撂荒意愿和行为，因此需要提高农户对耕地撂荒对于社会、经济、环境影响的认知水平。各级政府加大耕地撂荒危害的宣传力度，通过多种方式宣传、示范、推广保护耕地，提高农户充分利用耕地的意识和意愿，对政府耕地利用政策等正式制度规范形成有效补充。

第六，由于外部压力对农户撂荒行为具有一定约束作用，因此营造保护耕地的社会氛围尤为重要。农户党员在家庭和社区中发挥合理利用耕地的标杆示范作用；村民之间通过换地、代耕等方式避免耕地撂荒；各级政府通过平整耕地、推进高标准农田建设、提升耕地宜机化水平改善农业耕作条件，通过引导撂荒耕地流转、完善农技推广服务体系建设、培育新型农业经营主体等多种方式提升农业经营水平，从而在农村社区形成人人参与、杜绝撂荒的行为意识；考虑到政府对撂荒的干涉效果弱于家人、村民的干涉效果，因此提升基层政府解决涉及农户切身利益问题的能力，强化农户对基层政府的信任感，从而提高政府在耕地撂荒管理和农业服务实践中的实施绩效。

第三节 研究局限与展望

一、研究的局限性

受能力、条件和时间等限制，本书研究的机理应用、数据样本和调研方法存在一定局限性。

1. 本书构建的模型需要一定的假设前提

本书构建的基于计划行为理论的丘陵山区农户耕地撂荒行为决策模型中，农户认知对农户耕地撂荒行为的影响机制分析均须在一定的假设前提下才能够成立。例如，主观规范对农户耕地撂荒行为机理研究中，农户对家人耕地撂荒干涉响应的机理应用以小农化种植为前提，并不适用于规模化生产的商品化农户；本书构建的农业劳动力数量、非农就业机会对农户耕地撂荒行为的影响机理模型需以不存在土地流转市场为前提。因此，本书构建的农户耕地撂荒行为决策模型须在相应的前提假设下才能够成立，具有一定局限性。

2. 本书数据样本具有一定局限性

本书采用 2019 年度农户调研截面数据，难以反映耕地撂荒在一定时间周期内的演化情况。然而农户耕地撂荒行为并非短期形成的，尤其是隐性撂荒，其演化周期较长，因此连续跟踪的多年数据更加有利于反映研究区耕地撂荒在时间序列上的动态变化特征。

3. 本书的调研方法具有一定局限性

在农户入户问卷调研过程中，受调研工具、调查过程等条件限制，被调查者合作态度和调研人员自身素质会对问卷质量产生不同程度影响；文献归纳法具有滞后性、不完全性等特点；访谈调查法具有一定主观性，因此本书调研方法具有一定局限性。

二、研究展望

耕地撂荒现象具有复杂性与多维性特征，受学术能力、研究条件、研究时间等限制，本书基于构建的农户耕地撂荒计划行为理论逻辑分析框架所进行的探索性研究只是耕地撂荒研究中的冰山一隅，未来还可从以下几方面对农户耕地撂荒行为机理进行进一步探索：

其一，计划行为理论自身在不断的发展与完善之中，有许多研究者正在寻找其他能够提高对行为意向和响应解释力的新变量（段文婷、江光荣，2008）；此外，也有学者对计划行为理论进行解构，例如，Taylor 和 Todd（1995）结合创新推广理论，通过在 TPB 理论模型中增加或减少不同的前置变量，提出了解构计划行为理论（DTPB），实现在不同对象与情景下对个体行为更深层次的心理感知要素的进一步探索。后续研究可以进一步挖掘变量之间的相关关系，或在研究中增加相应的辅助变量，从而提高计划行为理论对耕地撂荒行为的解释力和预测力。

计划行为理论不仅可以解释和预测行为，还可以干预行为，其干预行为的功能是该理论的重要特色之一。该理论能够提供行为认知和情绪的基础，即形成行为态度、主观规范和知觉行为控制的信念，通过对这些信念进行影响和干预，可以达到影响、优化、改变行为的目的（段文婷、江光荣，2008）。本书仅停留在对农户耕地撂荒行为的解释和预测层面，未能充分发挥对撂荒行为的干预功能，限制了该理论的实践应用价值。因此，在后续研究中，运用计划行为理论对农户耕地撂荒行为进行干预是未来研究可进一步拓展的方向。

其二，农户异质性会导致其在耕地利用行为中呈现出不同的行为特征，异质性农户对于耕地撂荒的行为态度、主观规范、知觉行为控制等是否存在差异？其行为决策逻辑是否存在异质性？这些都是在未来研究中可以深入探索的问题。因此，可以尝试根据农户的生计、年龄、禀赋或其他特征对农户进行划分，探索其耕地撂荒行为的趋势和特点。

其三，本书主要基于农户调研数据展开，但人力、经费、时间等客观条件限制了调研规模的进一步扩大和更大尺度的耕地撂荒研究，未来研究中可运用卫星影像、地理信息系统、大数据等方法提取撂荒地块及相应农户的特征，拓展耕地撂荒研究的尺度和范围，探索村庄、省域乃至国家尺度的撂荒对比分析，进一步拓展耕地撂荒研究的广度和深度。

参考文献

［1］Ajzen I. , Driver B. L. Application of the Theory of Planned Behavior to Leisure Choice ［J］. Journal of Leisure Research, 1992, 24 (3): 207 – 224.

［2］Ajzen I. Attitudes, Personality and Behavior ［M］. Milton Keynes: Open University Press, 1988.

［3］Ajzen I. The Theory of Planned Behavior ［J］. Organizational Behavior and Human Decision Process, 1991 (50): 179 – 211.

［4］Bauer N. , Wallner A. , Hunziker M. The Change of European Landscapes: Human – Nature Relationships, Public Attitudes towards Rewilding, and the Implications for Landscape Management in Switzerland ［J］. Journal of Environmental Management, 2009, 90 (9): 2910 – 2920.

［5］Benayas R. J. , Martins A. , Nicolau J. M. , et al. Abandonment of Agricultural Land: An Overview of Drivers and Consequences ［J］. CAB Reviews, Perspectives in Agriculture, Veterinary Science, Nutrition and Natural Resources, 2007, 2 (57): 1 – 14.

［6］Buchanan J. M. Liberty, Market, and State: Political Economy in the 1980s ［M］. New York: New York University Press, 1986.

[7] Burton R. J. F. Reconceptualising the "Behavioural Approach" in Agricultural Studies: A Socio – Psychological Perspective [J]. Journal of Rural Studies, 2004, 20 (3): 359 – 371.

[8] Chen H. R. State Power and Village Cadres in Contemporary China: The Case of Rural Land Tenure in Shandong Province [J]. Journal of Contemporary China, 2011, 24 (95): 1 – 20.

[9] Creswell J. W. Qualitative Inquiry and Research Design: Choosing among Five Approaches [M] 2ndoed CA: Thousands Oaks, Sage Publications, 2007, 16 (4): 473 – 475.

[10] Ellis F. Peasant Economics: Farm Households and Agrarian Development [M] lst ed. England: Cambridge University Press, 1988.

[11] Fischer J., Hartel T., Kuemmerle T. Conservation Policy in Traditional Farming Landscapes [J]. Conservation Letters, 2012, 5 (3): 167 – 175.

[12] Garcíaruiz J. M., Lanarenault N. Hydrological and Erosive Consequences of Farmland Abandonment in Europe, with Special Reference to the Mediterranean Region—A Review [J]. Agriculture Ecosystems & Environment, 2011, 140 (3): 317 – 338.

[13] Gardner B. D. The Economics of Agricultural Land Preservation [J]. American Journal of Agricultural Economics, 1977, 59 (5): 1027 – 1036.

[14] Gasson R. Goals and Values of Farmers [J]. Journal of Agricultural Economics, 1973, 24 (3): 521 – 537.

[15] Joyce W., Deary I. J., Mcgregor M. M., et al. Farmers' Attitudes, Objectives, Behaviors, and Personality Traits: The Edinburgh Study of Decision Making on Farms [J]. Journal of Vocational Behavior, 1999, 54 (1): 5 – 36.

[16] Khanal N., Watanabe T. Abandonment of Agricultural Land and Its Consequences: A Case Study in the Sikles Area, Gandaki Basin, Nepal Himalaya [J].

Mountain Research and Development, 2006 (26): 32 – 40.

[17] Knoke T. , Calvas B. , Moreno S. O. , et al. Food Production and Climate Protection——What Abandoned Lands Can Do to Preserve Natural Forests [J] . Global Environmental Change, 2013, 23 (5): 1064 – 1072.

[18] Kong X. B. China Must Protect High – Quality Arable Land [J] . Nature, 2014, 506 (7486): 7.

[19] Lambin E. F. , Meyfroidt P. Land Use Transitions: Socio – Ecological Feedback Versus Socio – Economic Change [J] . Land Use Policy, 2010, 27 (2): 108 – 118.

[20] Lasanta T. , Arnáez J. , Pascual N. , et al. Space – Time Process and Drivers of Land Abandonment in Europe [J] . Catena, 2017 (149): 810 – 823.

[21] Low A. Agricultural Development in Southern Africa: Farm Household Theory & the Food Crisis [M] . London: James Currey, 1986.

[22] Macdonald D. , Crabtree J. R. , Wiesinger G. , et al. Agricultural Abandonment in Mountain Areas of Europe: Environmental Consequences and Policy Response [J] . Journal of Environmental Management, 2000, 59 (1): 47 – 69.

[23] Modigliani F. The Life Cycle Hypothesis of Saving, the Demand for Wealth, and the Supply of Capital [J] . Social Research, 1966, 33 (2): 160 – 217.

[24] Moravec J. , Zemeckis R. Cross Compliance and Land Abandonment [R] . London: Institute of European Environmental Policy, 2007: 191 – 195.

[25] Patrick M. , Florian S. , Alexander V. P. , et al. Drivers, Constraints and Trade – offs Associated with Recultivating Abandoned Cropland in Russia, Ukraine and Kazakhstan [J] . Global Environmental Change, 2016, 2 (46): 55 – 103.

[26] Pointereau P. , Coulon F. , Girard P. Analysis of Farmland Abandonment and the Extent and Location of Agricultural Areas That Are Actually Abandoned or Are

in Risk to Be Abandoned [R]. Brussels: Institute for Environment and Sustainability of European Commission, 2008.

[27] Popkin S. The Rational Peasant: The Political Economy of Rural Society in Vietnam [M]. California: University of California Press, 1979.

[28] Prishchepov A. V., Müller D., Dubinin M., et al. Determinants of Agricultural Land Abandonment in Post - Soviet European Russia [J]. Land Use Policy, 2013, 30 (1): 873 - 884.

[29] Romero - Calcerrada R., Perry G. L. W. The Role of Land Abandonment in Landscape Dynamics in the SPA Encinares del río Alberche y Cofio, Central Spain, 1984 - 1999 [J]. Landscape and Urban Planning, 2004, 66 (4): 217 - 232.

[30] Rudel T. K., Coomes O. T., Emilio M., et al. Forest Transitions: Towards A Global Understanding of Land Use Change [J]. Global Environmental Change, 2005, 15 (1): 23 - 31.

[31] Schultz T. W. Agricultural Economics (Economics and the Social Sciences: Transforming Traditional Agriculture) [J]. Science, 1964: 144.

[32] Strijker D. Marginal Lands in Europe - Causes of Decline [J]. Basic and Applied Ecology, 2005, 6 (2): 99 - 106.

[33] Stürck J., Levers C., van der Zanden E. H., et al. Simulating and Delineating Future Land Change Trajectories across Europe [J]. Regional Environmental Change, 2018, 18 (3): 733 - 749.

[34] Taylor S., Todd P. A. Understanding Information Technology Usage: A Test of Competing Models [J]. Information Systems Research, 1995, 6 (2): 144 - 176.

[35] Teklu T., Lemi A. Factors Affecting Entry and Intensity in Informal Rental Land Markets in Southern Ethiopian Highlands [J]. Agricultural Economics, 2004,

30（2）：117 - 128.

［36］Wallace W. L. Rationality，Human Nature，and Society in Weber's Theory ［J］. Theory & Society，1990，19（2）：199 - 223.

［37］A. 恰亚诺夫. 农民经济组织［M］. 萧正洪译. 北京：中央编译出版社，1996.

［38］道格拉斯·C. 诺思. 制度、制度变迁和经济绩效［M］. 杭行，译. 上海：格致出版社，2008.

［39］赫伯特·西蒙. 管理行为——管理组织决策过程的研究［M］. 杨砺，韩春立，译. 北京：北京经济学院出版社，1988.

［40］赫伯特·西蒙. 现代决策理论的基石［M］. 杨砺，徐立，译. 北京：北京经济学院出版社，1989：64 - 87.

［41］黄宗智. 华北的小农经济与社会变迁［M］. 北京：中华书局，1986.

［42］黄宗智. 长江三角洲小农家庭与乡村发展［M］. 北京：中华书局，2000.

［43］雷利·巴洛维. 土地资源经济学：不动产经济学［M］. 谷树忠，译. 北京：北京农业大学出版社，1989.

［44］詹姆斯·C. 斯科特. 农民的道义经济学：东南亚的反叛与生存［M］. 程立显，等译. 南京：译林出版社，2001.

［45］速水佑次郎，弗农·拉坦. 农业发展的国际分析［M］. 郭熙保，等译. 北京：中国社会科学出版社，2000.

［46］卡尔·波兰尼. 大转型：我们时代的政治与经济起源［M］. 冯刚，刘阳，译. 杭州：浙江人民出版社，2007.

［47］毕继业，朱道林，王秀芬. 耕地保护中农户行为国内研究综述［J］. 中国土地科学，2010，24（11）：77 - 81.

［48］卞新民，冯金侠. 多元多熟种植制度复种指数计算方法探讨［J］. 南

京农业大学学报，1999（1）：14－18.

［49］卜范达，韩喜平．"农户经营"内涵的探析［J］．当代经济研究，2003（9）：37－41.

［50］蔡志坚，李莹，谢煜，等．基于 TPB 模型的农户林地转出决策行为分析框架［J］．林业经济，2012（9）：8－12.

［51］曹磊，陈超．道县耕地后备资源开发利用对策研究——以结合农业机械应用为导向［J］．中国农业资源与区划，2014，35（5）：80－87.

［52］陈怀中，刘霞．浅述计划行为理论及其变量内涵的新发展［J］．科教文汇（下旬刊），2008（10）：286.

［53］陈金怡，魏铭．计划行为理论下土地流转对农民培肥意愿的影响分析［J］．安徽农学通报，2016，22（11）：1－2＋168.

［54］陈美球，邓爱珍，周丙娟，等．不同群体农民耕地保护心态的实证研究［J］．中国软科学，2005（9）：16－22.

［55］陈美球，周丙娟，邓爱珍，等．当前农户耕地保护积极性的现状分析与思考［J］．中国人口·资源与环境，2007，17（1）：114－118.

［56］陈纳新．赣州市中心城区排水系统可行性研究［D］．江西理工大学硕士学位论文，2011.

［57］陈强．高级计量经济学与 stata 应用［M］．北京：高等教育出版社，2014：509－517.

［58］陈扬．"理性"视角下农村土地抛荒及治理策略——以 N 市 G 村为例［J］．求索，2019（5）：146－152.

［59］陈玉荣．关于对我国农村耕地撂荒问题的思考［EB/OL］．搜狐网，https：//www. sohu. com/a/294739882＿330868，2019－02－14.

［60］程建，程久苗，费罗成，等．农地流转农户心理决策模型研究［J］．资源科学，2017，39（5）：818－826.

［61］程培堽，卢凌霄，庹志扬，等．消费者对转基因食品态度的形成：理论与量表设计［J］．华中农业大学学报（社会科学版），2011（3）：6－11.

［62］定光平，刘成武，黄利民．惠农政策下丘陵山区农地边际化的理论分析与实证——以湖北省通城县为例［J］．地理研究，2009，28（1）：109－117.

［63］杜肯堂，龚勤林．区域经济活动外部性分析［J］．求索，2006（12）：1－3.

［64］杜鹏．社会性小农：小农经济发展的社会基础——基于江汉平原农业发展的启示［J］．农业经济问题，2017，38（1）：57－65＋111.

［65］段文婷，江光荣．计划行为理论述评［J］．心理科学进展，2008（2）：315－320.

［66］冯红燕．农户耕地抛荒的驱动因素研究［D］．杭州：浙江大学硕士学位论文，2011.

［67］付振奇，陈淑云．政治身份影响农户土地经营权流转意愿及行为吗？——基于28省份3305户农户调查数据的分析［J］．中国农村观察，2017（5）：130－144.

［68］葛霖，高明，胡正峰，等．基于农户视角的山区耕地撂荒原因分析［J］．中国农业资源与区划，2012，33（4）：42－46.

［69］葛玉好，曾湘泉．市场歧视对城镇地区性别工资差距的影响［J］．经济研究，2011，46（6）：45－56＋92.

［70］郭琳．农村土地撂荒的成因及对策研究［J］．四川经济管理学院学报，2009（4）：11－13.

［71］何军．代际差异视角下农民工城市融入的影响因素分析——基于分位数回归方法［J］．中国农村经济，2011（6）：15－25.

［72］何世林，张声林．赣州：青山绿水润红土　水保改革闯新路［J］．中国水土保持，2017（4）：3－4＋71－72.

［73］何亚芬．农户异质性视角下丘陵山区耕地利用生态转型行为机理研究［D］．江西财经大学博士学位论文，2018.

［74］贺雪峰．关于"中国式小农经济"的几点认识［J］．南京农业大学学报（社会科学版），2013，13（6）：1 – 6.

［75］胡伟艳，李梦燃，张娇娇，等．农户农地生态功能供给行为研究——基于拓展的计划行为理论［J］．中国农业资源与区划，2019，40（8）：156 – 163.

［76］黄利民，张安录，刘成武．耕地撂荒及其定量分析［J］．咸宁学院学报，2008（3）：113 – 116 + 121.

［77］黄炜虹，齐振宏，邬兰娅，胡剑．农户环境意识对环境友好行为的影响——社区环境的调节效应研究［J］．中国农业大学学报，2016，21（11）：155 – 164.

［78］黄祖辉，胡豹，黄莉莉．谁是农业结构调整的主体——农户行为及决策分析［M］．北京：中国农业出版社，2005：19 – 22.

［79］金星．新土地抛荒的经济学视角［J］．农村经济，2013（3）：25 – 26.

［80］黎余华，华艺棋，黎榕，等．会昌县土地撂荒问题及对策研究［J］．现代农业科技，2019（5）：255 – 257.

［81］李寒凝．中国农地流转契约安排及实施机制研究［D］．浙江大学博士学位论文，2019.

［82］李孔俊．土地抛荒的经济学视角［J］．广西教育学院学报，2002（5）：82 – 84.

［83］李升发，李秀彬，辛良杰，等．中国山区耕地撂荒程度及空间分布——基于全国山区抽样调查结果［J］．资源科学，2017，39（10）：1801 – 1811.

［84］李升发，李秀彬．耕地撂荒研究进展与展望［J］．地理学报，2016，

71（3）：370 – 389.

［85］李升发，李秀彬.中国山区耕地利用边际化表现及其机理［J］.地理学报，2018，73（5）：803 – 817.

［86］李世杰，朱雪兰，洪滔伟，等.农户认知、农药补贴与农户安全农产品生产用药意愿——基于对海南省冬季瓜菜种植农户的问卷调查［J］.中国农村观察，2013（5）：55 – 69 + 97.

［87］李秀彬.土地利用变化的解释［J］.地理科学进展，2002（3）：195 – 203.

［88］李赞红，阎建忠，花晓波，等.不同类型农户撂荒及其影响因素研究——以重庆市 12 个典型村为例［J］.地理研究，2014，33（4）：721 – 734.

［89］廖颖林.结构方程模型及其在顾客满意度研究中的应用［J］.统计与决策，2005（18）：24 – 26.

［90］刘成武，李秀彬.农地边际化的表现特征及其诊断标准［J］.地理科学进展，2005（2）：106 – 113.

［91］刘克春.农户农地流转决策行为研究［D］.浙江大学博士学位论文，2006.

［92］刘帅，吴伟光，刘强，等.组织化程度、风险规避与农户安全生产行为——基于计划行为理论的实证［J］.江苏农业科学，2019，47（11）：24 – 29.

［93］刘思亚.关系嵌入性、养老保险与农户消费［D］.西南大学博士学位论文，2016.

［94］刘西川.贫困地区农户的信贷需求与信贷约束［D］.浙江大学博士学位论文，2007.

［95］刘耀彬，刘皓宇.赣南地区土地利用与经济重心迁移特征及影响因素分析［J］.江西师范大学学报（哲学社会科学版），2018，51（1）：116 – 123.

[96] 马克伟. 土地大辞典 [M]. 长春：长春出版社，1991.

[97] 马强. 弃耕现象不容忽视——来自江津市的调查与思考 [J]. 农村经济，1997 (5)：35 – 36.

[98] 马文起，武彩莲. 农村弃田抛荒的原因及解决途径 [J]. 辽宁工程技术大学学报 (社会科学版)，2005 (1)：25 – 26.

[99] 毛南赵，梁小英，段宁，等. 基于 ODD 框架的农户有限理性决策模型的构建及模拟——以陕西省米脂县马蹄洼村为例 [J]. 中国农业资源与区划，2018，39 (5)：164 – 171 + 218.

[100] 聂冲，贾生华. 离散选择模型的基本原理及其发展演进评介 [J]. 数量经济技术经济研究，2005 (11)：151 – 159.

[101] 彭柳林，付江凡，王长松，等. 农村耕地劳动力承载量适度性与转移潜力分析——基于江西省及其 11 地级市的数据 [J]. 湖南农业大学学报 (社会科学版)，2018，19 (6)：22 – 29.

[102] 邱皓政，林碧芳. 结构方程模型的原理与应用 [M]. 北京：中国轻工业出版社，2009：339 – 371.

[103] 饶旭鹏. 国外农户经济理论研究述评 [J]. 江汉论坛，2011 (4)：43 – 48.

[104] 任晓敏. 对农村耕地撂荒的原因及影响的分析 [J]. 商，2015 (52)：27.

[105] 邵景安，张仕超，李秀彬. 山区土地流转对缓解耕地撂荒的作用 [J]. 地理学报，2015，70 (4)：636 – 649.

[106] 沈磊. 心理学模型与协同过滤集成的算法研究 [D]. 北京航空航天大学博士学位论文，2010.

[107] 沈萌，甘臣林，陈银蓉，等. 基于 DTPB 理论农户农地转出意愿影响因素研究——以武汉城市圈为例 [J]. 农业现代化研究，2019，40 (3)：

441 – 449.

［108］沈学年，刘巽浩．多熟种植［M］．北京：农业出版社，1983．

［109］史铁丑，李秀彬．欧洲耕地撂荒研究及对我国的启示［J］．地理与地理信息科学，2013，29（3）：101 – 103．

［110］宋世雄，梁小英，陈海，等．基于多智能体和土地转换模型的耕地撂荒模拟研究——以陕西省米脂县为例［J］．自然资源学报，2018，33（3）：515 – 525．

［111］苏春慧，毕如田，刘慧芳，等．贫困山区农户土地流转及撂荒行为探究——基于山西省和顺县 275 份农户问卷调查［J］．农学学报，2019，9（2）：89 – 96．

［112］谭术魁．耕地撂荒程度描述、可持续性评判指标体系及其模式［J］．中国土地科学，2003，17（6）：3 – 8．

［113］田玉军，李秀彬，辛良杰，等．农业劳动力机会成本上升对农地利用的影响——以宁夏回族自治区为例［J］．自然资源学报，2009，24（3）：369 – 377．

［114］汪文雄，杨海霞．农地整治权属调整中农户参与的行为机理研究［J］．华中农业大学学报（社会科学版），2017（5）：108 – 116 + 148 – 149．

［115］王军，李萍，詹韵秋，等．中国耕地质量保护与提升问题研究［J］．中国人口·资源与环境，2019，29（4）：87 – 93．

［116］吴明隆．结构方程模型——AMOS 的操作与应用［M］．重庆：重庆大学出版社，2010．

［117］肖斌，付小红，颜毓洁．马克思地租理论对解决我国农地撂荒问题的重要启示［J］．陕西科技大学学报（自然科学版），2008（3）：157 – 160．

［118］肖瑛．从"国家与社会"到"制度与生活"：中国社会变迁研究的视角转换［J］．中国社会科学，2014（9）：88 – 104 + 204 – 205．

［119］谢明志，原敏学，郭斌．基于计划行为理论的农村土地流转行为研究［J］．西安建筑科技大学学报（自然科学版），2013，45（2）：300－304.

［120］熊正德，姚柱，张艳艳．基于组合赋权和 SEM 的农田抛荒影响因素研究——以农民个人资本为视角［J］．经济地理，2017，37（1）：155－161.

［121］徐莉．我国农地抛荒的经济学分析［J］．经济问题探索，2010（8）：60－64.

［122］徐勇．"再识农户"与社会化小农的建构［J］．华中师范大学学报（人文社会科学版），2006（3）：2－8.

［123］闫岩．计划行为理论的产生、发展和评述［J］．国际新闻界，2014，36（7）：113－129.

［124］杨军．新型农业经营主体的技术效率对撂荒农地再利用的影响——基于 2014—2018 年粤赣的调查数据［J］．农业技术经济，2019（12）：34－42.

［125］杨通，郭旭东，岳德鹏，等．基于联合变化检测的耕地撂荒信息提取与驱动因素分析［J］．农业机械学报，2019，50（6）：201－208.

［126］殷志扬，程培堽，王艳，等．计划行为理论视角下农户土地流转意愿分析——基于江苏省 3 市 15 村 303 户的调查数据［J］．湖南农业大学学报（社会科学版），2012，13（3）：1－7.

［127］俞振宁，谭永忠，练款，等．基于计划行为理论分析农户参与重金属污染耕地休耕治理行为［J］．农业工程学报，2018，34（24）：266－273.

［128］俞振宁，谭永忠，吴次芳，等．基于兼业分化视角的农户耕地轮作休耕受偿意愿分析——以浙江省嘉善县为例［J］．中国土地科学，2017，31（9）：43－51.

［129］俞振宁．重金属污染耕地区农户参与治理式休耕行为研究［D］．浙江大学博士学位论文，2019.

［130］袁明宝．小农理性及其变迁［D］．中国农业大学博士学位论

文，2014.

[131] 张佰林，高江波，高阳，等．中国山区农村土地利用转型解析[J]．地理学报，2018，73（3）：503－517.

[132] 张斌，翟有龙，徐邓耀，等．耕地抛荒的评价指标及应用研究初探[J]．中国农业资源与区划，2003（5）：53－56.

[133] 张辉，白长虹，李储凤．消费者网络购物意向分析——理性行为理论与计划行为理论的比较[J]．软科学，2011，25（9）：130－135.

[134] 张继焦．非正式制度、资源配置与制度变迁[J]．社会科学战线，1999（1）：200－207.

[135] 张亮，丁明军，殷悦．鄱阳湖平原耕地撂荒现状及其驱动因素分析[J]．江西师范大学学报（自然科学版），2018，42（1）：38－44.

[136] 张明玖．乡村振兴进程中耕地撂荒问题实证研究[J]．经济研究导刊，2019（30）：26－32.

[137] 张文彬，李国平．生态补偿、心理因素与居民生态保护意愿和行为研究——以秦巴生态功能区为例[J]．资源科学，2017，39（5）：881－892.

[138] 张延，张轶龙．理查德·塞勒：将心理学融入经济学[J]．经济学动态，2017（12）：99－115.

[139] 张英，李秀彬，宋伟，等．重庆市武隆县农地流转下农业劳动力对耕地撂荒的不同尺度影响[J]．地理科学进展，2014，33（4）：552－560.

[140] 张影，蒲春玲，刘志有，等．基于农户家庭特征的耕地抛荒影响因素分析[J]．中南林业科技大学学报（社会科学版），2016，10（3）：61－65＋76.

[141] 张圆刚，余向洋，程静静，等．基于TPB和TSR模型构建的乡村旅游者行为意向研究[J]．地理研究，2017，36（9）：1725－1741.

[142] 赵华甫，张凤荣，姜广辉，等．基于农户调查的北京郊区耕地保护困

境分析 [J]. 中国土地科学, 2008 (3): 28 – 33.

[143] 郑沃林, 罗必良. 农地确权颁证对农地抛荒的影响——基于产权激励的视角 [J]. 上海财经大学学报, 2019, 21 (4): 90 – 99.

[144] 郑旭媛, 徐志刚. 资源禀赋约束、要素替代与诱致性技术变迁——以中国粮食生产的机械化为例 [J]. 经济学 (季刊), 2017, 16 (1): 45 – 66.

[145] 周华林, 李雪松. Tobit 模型估计方法与应用 [J]. 经济学动态, 2012 (5): 105 – 119.

[146] 周涛. 社会性小农: 小农经济发展的社会基础 [J]. 农业经济, 2019 (4): 64 – 65.